LESESTOFF NACH WAHL

LITERATUR

LESESTOFF NACH WAHL

LITERATUR

URSULA THOMAS
with the cooperation of Freeman Twaddell

THE UNIVERSITY OF WISCONSIN PRESS

Published 1977
The University of Wisconsin Press
Box 1379, Madison, Wisconsin 53701

The University of Wisconsin Press, Ltd.
70 Great Russell Street, London

First printing

Printed in the United States of America

LC 76-11317
ISBN O-299-07174-X

Acknowledgment is made to the following for permission to use copyrighted
material: S. Fischer Verlag, Frankfurt am Main, for "Das Fenster-Theater,"
from Der Gefesselte, by Ilse Aichinger, Copyright 1954, and for "Die drei-
fache Warnung," from Die erzählenden Schriften, by Arthur Schnitzler, Copyright 1961; Kiepenhauer & Witsch, Köln, for "Bekenntnis eines Hundefängers,"
from Erzählungen 1950 - 1970, by Heinrich Böll, Copyright 1972; Francke
Verlag, Bern, for "Der Gattungsstil," from Kleine deutsche Stilistik, by
Emmy L. Kerkhoff, Copyright 1962; for "Der Hefekuchen," reprinted by permission of Rowohlt Verlag, from GESAMMELTE ERZAEHLUNGEN by Kurt Kusenberg,
Copyright © Rowohlt Verlag GmbH, Reinbek bei Hamburg, 1969. Used by permission of the author: "Kinder sind immer Erben" and "Die Entscheidung,"
from Fahrtunterbrechung und andere Erzählungen, by Max von der Grün, published by Europäische Verlagsanstalt, Frankfurt am Main; and "Ein Bild von
Mann und Frau," by Herbert Eisenreich, in Westermanns Monatshefte, January,
1972.

Contents

These readings represent the second phase of an intermediate
German course. The first phase, the "Einführung," was mainly
devoted to giving you a review of the basic elements of German
grammar, based on fairly simple reading passages. Scattered
through that volume are Comments on Grammar, and at the end, the
Grammar Reference Notes. In this second phase of learning you
will still need to refer to the Grammar Reference Notes often,
and occasionally you will want to review one of the Comments on
Grammar. Thus you should keep the "Einführung" handy when you
are studying.

It is possible that in the class in which you are enrolled
you have been given a choice as to which book of the second
phase you want to use as a basis for class work. You may, then,
have chosen the one called "Physik und Chemie," or "Mensch und
Gesellschaft," or "Biologie," or "Literatur." A division of
the class into several groups working on different reading
selections puts more responsibility on you for your own work,
but at the same time it provides some practical advantages.

To develop well-rounded language skills, you need to learn
how to understand what you hear or read, and how to communicate
what you know. For communication, both understanding what you
hear and expressing what you know, you need a social setting,
which the class provides. Reading, on the other hand, is an
individual's skill, which can only be learned privately. Since
learning to read involves your study habits, over which you
have control, it should be dealt with first.

The format of this book encourages you to make only minimal
use of a German-English dictionary. All readings are provided
with abundant notes giving appropriate English translations of
words or phrases, German synonyms, grammar references, or other
kinds of information which will aid in the understanding of the
text. In addition, the first few passages are introduced with
a page of two-column, phrase-by-phrase rendering which helps
you to familiarize yourself with the subject matter before
going on to the traditional format.

Study strategies in learning to read

1) Begin each study session by practicing real reading, that
   is, cover the footnotes and simply read the sentences,
   trying to get the meaning out of them.
2) Study the passage with the aid of the notes, use of cognates, intelligent guessing, and, as a last resort, your
   dictionary.
3) End the study session by rereading the entire passage,
   again covering the footnotes.

Step Two is the most tedious, painful part of the process,
but as you practice all three steps, you will find this part
shrinking to the point where it will take little more time
than the first or the third, and, ultimate triumph, Step One
will suffice. This final stage may take two or three years
to achieve, but for the educated intellectual it is a necessary tool.

Step One is frustrating at first, because real reading, you
feel, means getting almost the entire message during the first

sweep through, as you do in English. However, if you do not
continue to practice Step One, you will find yourself locked
into Step Two, the slow, irksome, word-by-word look-up-in-the-
dictionary process of deciphering — and then wondering whether
you have, after all, interpreted the message correctly.

Step One has its immediate benefits as well as being an
ultimate goal. A quick survey of the material gives you the
broad outlines that are impossible to see in a word-by-word
attack. The brain demands more rapid stimuli than the eye can
provide when it moves back and forth between text and notes or
dictionary. Moreover, the latter part of the passage often
throws light on earlier parts, and you find on a second reading
that much has become clear.

For the present, Step Two will be most time-consuming, and
there are a few special hints that may help.

1. <u>Never</u> write an interlinear or a marginal translation. Writing
   between the lines is the best way to ruin a passage as a tool
   for learning to read German, for you must make several passes
   through the material in order to understand it <u>in German</u>. Once
   you write in an English word, you will never again see the German.

2. In the beginning you will have to translate many words in order
   to understand what you are reading. Translating is made difficult by the fact that a word's context affects its translation,
   sometimes in surprising ways. Thus "lesen" does not always mean
   "to read" but sometimes "to gather," and "Wein lesen" means "to
   harvest grapes (for wine)." Consequently it is a mistake to keep
   long lists of words looked up for a particular passage, because
   in that passage some may have unusual meanings. Furthermore, if
   an unfamiliar word occurs in a given selection, there is about a
   fifty-fifty chance that you will not see it again this semester.
   You should memorize the vocabulary in the Words and Word Families
   at the end of each unit, along with a few others that seem particularly useful or appealing to you, but you should <u>not</u> try to
   memorize all new words as you meet them.

3. You can also increase your German vocabulary resources by intelligent guessing. The guide to intelligent guessing is the total
   context. First you must determine what grammatical function an
   unfamiliar word fulfills. Learn to read the signals for nouns,
   verbs, adjectives, etc. Once you have pinned down the word gram-
   matically, think about the total setting. Try to determine what
   would logically fit. Do not fall into the trap of trying to
   squeeze a live elephant into a desk drawer. Finally, read the
   previous sentence and the one you are working with, preferably
   aloud. You may have to try several times before you come up
   with an appropriate meaning, but in the long run it pays off to
   use your brain instead of the dictionary.

4. Another technique in learning to understand German is to look
   for cognates, that is, pairs of words that are closely related
   because of their historical background. However, here you have
   to be careful, because the words that look the same may no
   longer have the same meaning in both languages. Haus/house,
   Wasser/water have retained their original meanings. Now look
   at German "also" and English "also." Identical twins you would
   say, but the German word has to be translated into English by
   "therefore, thus, accordingly," while the English word has the

German meaning "auch." It is also possible that words that were
never related in meaning are today accidental look-alikes, as
is the case with German "Ei" and English "eye;" however, Ei - egg,
eye - Auge. Particularly nasty are several words that have been
taken over from Latin or Greek by both English and German, with
somewhat different interpretations. For example, German "konse-
quent" usually can be translated into English as "consistent,"
and German "eventuell" does not mean "eventually," but most often
"perhaps." Cognates will help you as long as you do not jump to
conclusions too eagerly.

Grammar

Command of the needed vocabulary is <u>one</u> essential resource
that a reader of a foreign language must have. But vocabulary
is by no means the whole story; if it were, a computer with
a built-in German-English dictionary would be able to turn out
satisfactory translations of any German, from a report on a
smallpox epidemic to a poem about a jilted lover.

The other, equally essential, resource is a command of the
ways the two languages signal the meanings of words and phrases
and combine them in sentences — what is somewhat solemnly
called "grammar." A control of grammar enables a reader to
recognize which of several nouns is the subject of a sentence
(Did Arbuthnot break Theodoric's jaw or vice versa?); how and
when the action took place (Did he break the jaw, or will he
break it, or would he have done so if he could have?); and
other important modifications (Was it a firm, solid jaw, or
was the blow a solid, powerful blow?).

These are the simplest kinds of problems involved in understanding a sentence through a recognition of its structure.
The footnotes call your attention to many other types of grammatical problems as they appear in your reading.

The grammatical comments and exercises, and the entire sec-
tion of Grammar Reference Notes, are focused on your practical
needs. They are not designed to be studied for their own sake;
we assume that very few of you have ambitions to become professional grammarians.

On the other hand, the importance of a command of grammar
must not be underestimated. It is just as much an essential
tool in the comprehension of German as a knowledge of vocabulary is. German is <u>not</u> a peculiar form of English, perversely
using un-English words; it is a language with its own ways of
making sense by combining words into sentences.

This entire intermediate program is designed to take you
from a beginning stage of acquaintance with the bare essentials
of German grammar to a level of experience where you will encounter few surprises or incomprehensible sentence structures.

Oral and written practice

The amount and kind of oral and written practice you get in
this course depends on how the class is conducted and how you
participate. The structure of the materials, however, encourages the use of several patterns of classroom activity as you
work through a unit. You will sometimes be working on a common task with the entire class. Often you will have a chance
to work with the group of students who chose the same Collection of readings that you chose. At that time you can iron

out problems of understanding, practice asking and answering questions in German, and prepare in general for the culminating activity of the unit: explaining the contents of your reading selection to a member of another group, someone who is not familiar with your subject matter, and doing your best to comprehend what he or she has to tell you.

Attempting to use German to explain a concept or narrate a story is frustrating at first, but you will find that as you relax with your fellow-students, using gestures, drawings, charts, and diagrams as well as the German language, you will gain a real sense of accomplishment.

Remember, in the years of practice you have had with your native language, you have not learned it perfectly. Native Germans make mistakes too. Language learning is a gradual process, and it takes constant practice. Some of the mistakes you make will be corrected by your fellow students, some by your teacher. Only through this refining process will you gradually eliminate most of your errors and gain confidence in your ability to make yourself understood. The confidence that you can understand what you hear or read and can express to others what you have understood is the joy of learning a language.

LESESTOFF NACH WAHL

LITERATUR

DER HEFEKUCHEN

    In einem Dorf
lebte eine brave Ehefrau,
die wollte eines Tages
Hefekuchen backen
und merkte plötzlich,
daß sie keine Hefe im Hause hatte.
„Geh", sagte sie zu ihrem Mann,
„geh rasch zum Bäcker
und hol ein bißchen Hefe,
für zehn Pfennig,
das reicht.
Und komm gleich wieder,
denn ohne Hefe
kann ich keinen Kuchen backen,
jedenfalls keinen Hefekuchen."

Der Mann nahm seinen Hut vom Haken

und ging.
Aber er kam nicht wieder,
nicht an jenem Tage
und auch an den folgenden Tagen
    nicht ——
er kam nicht wieder.
    Es versteht sich,
daß die Frau alles aufbot,
um ihren Mann aufzufinden,

denn sie hatte ja nur den einen,

und außerdem liebte sie ihn,
oder sie war zumindest
so sehr an ihn gewöhnt,
daß sie glaubte, sie liebe ihn.
Doch was sie auch anstellte,
es half ihr nichts:

der Mann war und blieb verschwunden.

Es fand sich eine Spur,
aber nur eine kleine,
die nicht weit führte
und sogleich wieder abbrach.
Der Mann war tatsächlich
beim Bäcker erschienen
und hatte für zehn Pfennig Hefe
    gefordert.
Das Unglück wollte es jedoch,
daß der Bäcker kurz vorher das
    letzte Quentlein Hefe verkauft
    hatte
und ihm daher keine geben konnte.
So riet er dem Manne,
ins Nachbardorf zu gehen
und dort beim Bäcker nach Hefe zu
    fragen.

THE YEAST CAKE

    In a village
lived a worthy married woman;
one day she wanted
to bake yeast cake
and noticed all of a sudden
that she had no yeast in the house.
"Go," she said to her husband,
"hurry up and go to the baker
and get a little yeast,
ten pennies' worth;
that will be enough.
And come right back,
because without yeast
I can't bake a cake,
not a yeast cake anyhow."
The husband took his hat off the
        hook
and left.
But he didn't come back,
not that day
and not on the following days
        either ——
he didn't come back.
    Of course
the woman did everything
to locate her husband,
for she had, after all, only the
        one,
and besides, she loved him,
or at least she was
so very used to him
that she believed she loved him.
But whatever she tried,
nothing did her any good:
the man had disappeared, and he
        stayed that way.
One clue (trace) was found,
but just a little one,
which didn't lead far
and broke off again right away.
The husband had actually
appeared at the baker's
and had asked for ten pennies'
        worth of yeast.
As (bad) luck would have it, however,
the baker had sold the last bit
        (Quent = dram = 1/8 ounce)
        of yeast shortly before that,
and therefore couldn't give him any.
So he advised the man
to go to the neighboring village
and ask for yeast at the baker's
        there.

In einem Dorf lebte eine brave Ehefrau, die wollte eines
Tages Hefekuchen backen und merkte plötzlich, daß sie keine
Hefe im Hause hatte. „Geh", sagte sie zu ihrem Mann, „geh
rasch zum Bäcker und hol ein bißchen Hefe, für zehn Pfennig,
5   das reicht. Und komm gleich wieder, denn ohne Hefe kann ich
keinen Kuchen backen, jedenfalls keinen Hefekuchen." Der
Mann nahm seinen Hut vom Haken und ging. Aber er kam nicht
wieder, nicht an jenem Tage und auch an den folgenden Tagen
nicht — er kam nicht wieder.

10 Es versteht sich, daß die Frau alles aufbot, um ihren
Mann aufzufinden, denn sie hatte ja nur den einen, und außerdem liebte sie ihn, oder sie war zumindest so sehr an ihn gewöhnt, daß sie glaubte, sie liebe ihn. Doch was sie auch
anstellte, es half ihr nichts: der Mann war und blieb ver-
15 schwunden. Es fand sich eine Spur, aber nur eine kleine,
die nicht weit führte und sogleich wieder abbrach. Der Mann
war tatsächlich beim Bäcker erschienen und hatte für zehn
Pfennig Hefe gefordert. Das Unglück wollte es jedoch, daß
der Bäcker kurz vorher das letzte Quentlein Hefe verkauft
20 hatte und ihm daher keine geben konnte. So riet er dem
Manne, ins Nachbardorf zu gehen und dort beim Bäcker nach
Hefe zu fragen. Der Mann nahm den Rat an, machte sich auf
den Weg und wurde dabei von mehreren Leuten gesehen. Wie-
wohl das Nachbardorf nur eine Viertelstunde entfernt war,
25 traf er nie dort ein.

Die Frau aber wartete, wartete auf ihren Mann. Wenn sie
Männerschritte vor dem Hause hörte, eilte sie hinaus, um zu
sehen, ob er es sei, und wenn es an die Tür klopfte, pochte
ihr Herz; doch er kam nicht. Es waren schwere Zeiten für
30 die Frau, die sich, zudem, selber durchbringen mußte, und
sie buk in all den Jahren nicht einen einzigen Hefekuchen.
Da sie stattlich war und sehr tüchtig, stellten sich Freier
ein, die ihr die Ehe antrugen. Doch wie sehr man ihr auch
zuriet, den verschollenen Mann für tot erklären zu lassen
35 und sich einen neuen zu nehmen, damit ihre Einsamkeit ein
Ende habe, wies sie dennoch alle Bewerber ab und wartete
weiter.

Als sie aber zwanzig Jahre gewartet hatte und spürte, daß
es ans Welken ging, lernte sie einen Mann kennen, der ihr
40 nicht übel gefiel und den sie zu heiraten gedachte. Eines

22 sich auf den Weg machen = weg·gehen	33 wie sehr...auch - *however much*
23 wurde [§10.1, §10.2, *or* §10.3?]	34 zu·raten [7a] - *propose*
23 wiewohl = obwohl	34 verschollen = verschwunden
25 ein·treffen [5a] = an·kommen	34 für tot erklären lassen - *have declared dead*
26 wenn - *whenever* [§11.1: Note]	35 damit [§18.3.1]
28 ob er es sei: *indirect question;* *direct:* „Ist er es?" [§12.1.3]	36 ab·weisen [1a] - *reject*
30 sich durch·bringen [§6.1.2] - *make one's way (against odds)*	36 der Bewerber = der Freier (32)
32 stattlich - *handsome*	38 spüren = merken, empfinden
32 sich ein·stellen - *present oneself*	39 es ging ans Welken [§2.5] - *she was beginning to fade*
32 der Freier - *suitor*	40 zu heiraten gedenken - *consider marrying*
33 an·tragen [6a] - *propose*	

Tages saß er bei ihr in der Stube, und da kam ihr der Gedanke, sich endlich von ihrem Mann zu befreien, indem sie
einen Hefekuchen buk. Selbstverständlich war keine Hefe im
Hause, denn sie hatte ja zwanzig Jahre lang keinen Hefekuchen
45   gebacken, und so bat sie ihren Freier, er möge rasch zum
Bäcker gehen und für zehn Pfennig Hefe besorgen. Der Mann
nahm den Hut vom Haken und ging. Inzwischen war die Frau
nicht müßig; sie säuberte den Tisch, stellte Schüsseln hin,
holte Milch und Eier aus dem Spind und Mehl aus der Kiste.
50   Da hörte sie Schritte. Die Tür ging auf, und eine fremde,
bekannte Stimme sagte: „Da ist die Hefe!" Die Frau fuhr
herum und gewahrte einen alten Vagabunden, stoppelbärtig,
verludert, der ihr scheu ein Tütlein entgegenhielt. Es
war, jeder ahnt es, ihr verschwundener Mann, der nach langer
55   Irrfahrt endlich heimgekehrt war, gerade im richtigen Augenblick, was die Hefe betrifft, und im unrichtigen, wenn man
die Lage der Frau bedenkt.
    Wo hatte er sich bloß so lange herumgetrieben? Jetzt er-
fuhr es die Frau, und wir erfahren es mit ihr. An nichts
60   Böses oder Besonderes denkend, nur an seinen Auftrag, an die
Hefe, war der Mann seinerzeit auf das Nachbardorf zugeschrit-
ten und hatte, wie vom Teufel hingelegt, unterwegs eine Geldbörse gefunden, eine gespickt volle, wie die Viehhändler sie
bei sich tragen. Der Fund verwirrte ihm den Kopf, und ein
65   Hang zum Abenteuer, der wohl schon immer in ihm geschlummert
hatte, brach plötzlich hervor. Anstatt ins Nachbardorf zu
gehen, bog er vom Wege ab und wanderte in die Stadt. Dort
trank er viel, kaufte sich eine goldene Uhr, einen goldenen
Ring und ging abends in den Zirkus. Während der Vorstellung
70   verliebte er sich in eine Reiterin, die ihn so lange wieder-
liebte, bis sein Geld zu Ende war. Als der Zirkus die Stadt
verließ, machte sie ihn aus Mitleid zum Stallburschen. So
hub ein Wanderleben an, das ihn zwanzig Jahre lang durch die
Welt führte, das ihn manchmal ein bißchen emportrug, aufs
75   Ganze aber immer tiefer sinken ließ, bis ihn schließlich das

41 die Stube - *parlor*
42 indem sie...buk - *by baking*
    [§8.4.1.2]
45 bat [4d]
45 er möge: *indirect command, more
politely put than with* sollen
[§12.1.5, §12.2]
46 besorgen = kaufen
48 müßig = faul
48 säubern - *clean, clear off*
48 die Schüssel - *bowl*
49 das/der Spind = schmaler Schrank -
cupboard
49 das Mehl - *flour*
51 herum·fahren [6a] - *turn around
with a start*
52 gewahren = erblicken
53 verludert - *shabby and degenerate*

53 entgegen·halten [7a] - *proffer*
54 ahnen - *guess*
61 seinerzeit = damals
61 zu·schreiten [1b] (auf + *acc.*) -
walk toward
62 die Geldbörse = der Geldbeutel
63 eine gespickt volle - *one full
of money*
69 die Vorstellung - *performance*
70 sich verlieben (in + *acc.*) - *fall
in love (with)*
72 der Stallbursche [§2.3] - *stable-
boy*
73 hub...an = fing...an: *Infinitive:*
an·heben [2d]
74 empor·tragen [6a] - *carry up,
raise, lift*
74 aufs Ganze - *on the whole*

Heimweh packte, oder die Angst vor dem Alter, und er zu
seiner Frau zurückkehrte, mit schlechtem Gewissen und dem
Hefetütlein in der Hand — einer recht läppischen Anknüpfung.
Und nun stand er da, zerlumpt, nicht mehr fest auf den
80 Beinen und voller Furcht, wie sie sich wohl verhalten werde.
    Was tat die Frau? Ja, was konnte sie anders tun, als den
Freier, der gleich darauf eintrat, auch er ein Hefetütlein
in der Hand, eilends fortzuschicken, nur für diesen Abend,
wie sie ihm zuflüsterte, in Wirklichkeit aber für immer, das
85 wußte sie genau — also: Jenen fortzuschicken und ihren ver-
wahrlosten Landstreicher zu säubern, zu kleiden, zu speisen
und ihn so lange zu pflegen, bis man sich mit ihm wieder auf
der Straße zeigen konnte? Sie nahm ihn wahrhaftig wieder auf,
die Brave, nachdem sie ein halbes Leben seinetwillen verwar-
90 tet hatte, denn er war und blieb nun einmal ihr Mann.

                     — Kurt Kusenberg (1904-   )

76 das Alter - *(old) age*
77 das Gewissen - *conscience*
78 läppisch - *silly*
78 die Anknüpfung - *connection*
79 zerlumpt - *shabby*
80 sich verhalten [7a] - *behave*
81 was...anders..., als [§18.1.3] - *what else...but*
82 gleich darauf - *right after that*
83 eilends - *as quickly as possible*
84 zu·flüstern (+ dat.) - *whisper to*

85 Jenen: *Antecedent?*
85 verwahrlost = verludert (53)
86 speisen - *feed*
87 pflegen - *take care of*
88 wahrhaftig = tatsächlich - *really*
89 die Brave: *Not the brave woman* (Cf. line 1)
89 seinetwillen - *for his sake*
89 verwarten - *waste in waiting*
90 nun einmal - *after all (and she couldn't do anything about it)*

Sah ein Knab' ein Röslein stehn,
Röslein auf der Heiden,
war so jung und morgenschön,
lief er schnell, es nah zu sehn,
5   sah's mit vielen Freuden.
Röslein, Röslein, Röslein rot,
Röslein auf der Heiden.

Knabe sprach: Ich breche dich,
Röslein auf der Heiden!
10   Röslein sprach: Ich steche dich,
daß du ewig denkst an mich,
und ich will's nicht leiden.
Röslein, Röslein, Röslein rot,
Röslein auf der Heiden.

15   Und der wilde Knabe brach
's Röslein auf der Heiden;
Röslein wehrte sich und stach,
half ihr doch kein Weh und Ach,
mußt' es eben leiden.
20   Röslein, Röslein, Röslein rot,
Röslein auf der Heiden.

— Johann Wolfgang von Goethe
(1749-1832)

The word order in lines 1, 3, 4, and 5 — verb in first position in a declarative sentence — is typical of the folk-song or ballad style.

2 Heide - *heath: treeless area*
2 auf der Heiden *(old-fashioned)* = auf der Heide
10 stechen [5a] - *prick, sting*

11 ewig - *forever*
12 es leiden [1b] - *put up with it; stand for it*
15 wild - *heedless*
16 's = das
17 sich wehren - *defend oneself*
18 Weh und Ach - *moaning and groaning*

Es war ein König in Thule
gar treu bis an das Grab,
dem sterbend seine Buhle
einen goldnen Becher gab.

5 Es ging ihm nichts darüber,
er leert' ihn jeden Schmaus;
die Augen gingen ihm über,
so oft er trank daraus.

Und als er kam zu sterben,
10 zählt' er seine Städt' im Reich,
gönnt' alles seinen Erben,
den Becher nicht zugleich.

Er saß beim Königsmahle,
die Ritter um ihn her,
15 auf hohem Vätersaale,
dort auf dem Schloß am Meer.

Dort stand der alte Zecher,
trank letzte Lebensglut
und warf den heiligen Becher
20 hinunter in die Flut.

Er sah ihn stürzen, trinken
und sinken tief ins Meer.
Die Augen täten ihm sinken;
trank nie einen Tropfen mehr.

— Johann Wolfgang von Goethe
(1749-1832)

Title: Thule: *Proverbial northernmost inhabited region ("Ultima Thule")*
3 dem [§13.1.1]: *Antecedent?*
3 der/die Buhle - *beloved*
4 der Becher - *cup, beaker*
6 leert' = leerte
6 der Schmaus - *feast, banquet*
7 die Augen gingen ihm über [§1.3.5] - *his eyes filled with tears*
11 gönnen - *cheerfully leave to*

11 der Erbe - *heir*
12 zugleich - *at the same time*
15 der Vätersaal - *ancestral hall*
17 der Zecher - *bon vivant*
21 stürzen - *plunge*
21 trinken - *fill (with water)*
23 täten...sinken *(old-fashioned preterit, not subjunctive II)* = sanken: *closed slowly*
23 ihm [§1.3.5]

QUESTIONS ON THE TEXT

Der Hefekuchen

*What did the housewife want to do
    one day?*
Why couldn't she do it?
*Whom did she send on an errand?
    What errand?*
What was the outcome of this errand?
*What efforts did the woman put into
    finding her husband? Why?*
What traces did she find of him?
*How did the woman pass the years of
    waiting?*
*What is the symbol of her lonely
    waiting for her husband's
    return?*
*What did her friends advise her to
    do?*
*Did she have chances to take another
    husband? Why?*
*What would she have had to do in
    order to remarry?*
What happened after twenty years?
*Why was she more amenable to this
    new suitor?*
*Through what symbolic action did she
    show that she was about to free
    herself from the past?*
What did she tell her suitor to do?
What was she doing meanwhile?
*What did the woman hear as she was
    waiting for her suitor?*
*How did her husband's voice sound to
    her?*
What was he bringing?
How did he look?
*Why was it both the right and the
    wrong moment?*
What had kept the husband so long?
*What had started him off on his
    wanderings?*
Where had he gone?
What had brought him home?
*What did the woman do about her
    suitor?*
What did she do about her husband?

Was wollte eine Ehefrau eines Tages
    machen?
Warum konnte sie es nicht?
Wohin schickte sie ihren Mann?

Ist er gleich zurückgekommen?
Was tat die Frau, um ihren Mann
    aufzufinden?
Was sagt der Autor über ihre Liebe
    zu ihrem Mann?
Welche Spur hat man gefunden?
Warum hatte der Mann keine Hefe beim
    Bäcker gekauft?
Wohin schickte ihn der Bäcker?
Hat man den Mann im Nachbardorf beim
    Bäcker gesehen?
Wie lange wartete die Frau?
Hätte sie einen anderen Mann heira-
    ten können?
Was hätte sie tun müssen, um wieder
    zu heiraten?
Hatte sie Chancen? Warum?
Wann hat sie es aufgegeben, auf
    ihren Mann weiter zu warten?
Warum hat sie es aufgegeben?
Was wollte sie eines Tages nach so
    vielen Jahren machen?
Was sollte ihr Freier tun?
Wer ist in diesem Augenblick nach
    Hause gekommen?
Wie hat er ausgesehen?
Warum war der Mann so lange wegge-
    blieben?
Was hatte er inzwischen getan?
Was hatte er gefunden?
Was hatte er damit getan?
Was sagte die Frau zu ihrem Freier,
    als er zurückkam?
Blieb sie bei ihrem Mann? Warum?

Heidenröslein

*How do the three stanzas develop from
    visual sighting to oral exchange
    to action?*
Is this flower a symbol?
*If so, is it applicable in any way
    to modern social relationships?*

Der König in Thule

In what setting is the poem laid?
*How does the king demonstrate his
    fidelity?*
To whom?

WORDS AND WORD FAMILIES

brav (1)
   die Brave -n (89)
backen [6a] (2, 6, 31, 45)
   der Bäcker - (4, 17, 19)
doch (13, 29)
denken, dachte, gedacht
   der Gedanke -n (41)
   bedenken (57)
   gedenken (40)
die Ehe -n (33)
   die Ehefrau -en (1)
eilen
   hinaus·eilen (27)
   eilends (83)
erfahren [6a] (58, 59)
fort·schicken (83, 85)
gleich (5, 82)
   sogleich (16)
holen (4, 49)
lieben (12)
   sich verlieben (in + *acc.*) (70)
nehmen [5c] (7)
   an·nehmen (22)
   auf·nehmen (88)

plötzlich (2,66)
raten [7a] (20)
   der Rat (22)
   zu·raten (34)
säubern (48, 86)
schreiten [1b]
   zu·schreiten (61)
   der Schritt -e (50)
   Männerschritte (27)
die Spur -en (15)
   spüren (38)
stellen
   an·stellen (14)
   sich ein·stellen (32)
   hin·stellen (48)
tragen [6a] (64)
   an·tragen (33)
   der Auftrag/Aufträge (60)
   empor·tragen (74)
verstehen, verstand, verstanden
   es versteht sich (10)
   selbstverständlich (43)
warten (auf + *acc.*) (26, 36, 38)
   verwarten (89)

Name _____ Datum _____

["Übung A" in each unit is common to all Collections. It is meant to give
you practice in recognizing and interpreting grammatical structures without necessarily knowing the meanings of all the words. The Practice Sentences for the exercises are taken from the corresponding units of all four
Collections. The source of each sentence is shown by the initial letter of
the Collection (P = Physik und Chemie; L = Literatur; M = Mensch und Gesellschaft; B = Biologie) and the line number referring to the reading text.
Thus P:5 indicates that the sentence begins on the fifth line of the reading
text of the current unit in Physik und Chemie.]

A In each of the following sentences, underline the inflected
  verb(s) of the main clause(s) once, the subject(s) twice.
  [§8.1 (including everything through §8.1.2.6)]

  1 Wenn die Krebszellen nicht aus dem Körper entfernt werden,
    führt die Krankheit zum Tode. (B:28)

  2 Durch das Wasserrad wird eine Wasserschraube gedreht, wel-
    che das gesamte heruntergeflossene Wasser wieder in das
    Oberbecken befördert. (P:5)

  3 Wenn die Frau Männerschritte vor dem Hause hörte, eilte
    sie hinaus, um zu sehen, ob er es sei, und wenn es an die
    Tür klopfte, pochte ihr Herz. (L:26)

  4 Seit der Entdeckung der Zelle zu Beginn des 17. Jahrhun-
    derts haben viele bedeutende Biologen immer genauer die
    Zelle und ihre Bestandteile erforscht. (B:1)

  5 Weil ich all dies weiß und selbst eine Ehe vorziehe, in
    der der Mann der Stärkere ist, tendiere ich auch zu Män-
    nern, die mindestens fünfzehn Jahre älter sind als ich.
    (M:29)

B Underline the inflected verb(s) in all subordinate clauses
  with a single line. Then indicate the head word — subordinating conjunction or relative pronoun — with a double
  underline. [§8.4]

  1 Als sie zwanzig Jahre gewartet hatte und spürte, daß es ans
    Welken ging, lernte sie einen Mann kennen, der ihr nicht
    übel gefiel und den sie zu heiraten gedachte. (L:38)

  2 Eine Maschine, die nach einmaligem Arbeitsaufwand in
    dauernder Bewegung bleibt und dabei sogar noch laufend
    zusätzliche Arbeit verrichtet, ist unmöglich. (P:47)

  3 Es fand sich eine Spur, aber nur eine kleine, die nicht
    weit führte und sogleich wieder abbrach. (L:15)

4 Ich kenne eigentlich nur Fälle, in denen das schiefging, und ich glaube auch nicht, daß ich eine bessere Ehe führen könnte, weil ich Psychologie studiert habe und etwas mehr von der Psyche der Menschen verstehe. (M:43)

5 Man kennt heute die Zellbestandteile, durch die Merkmale der Eltern an die Nachkommen weitergegeben werden. (B:52)

C Rewrite the underlined subordinate clause as an independent sentence, omitting the subordinating conjunction and putting the inflected verb in its "independent" position.

1 Weil ich all dies weiß und selbst eine Ehe vorziehe, in der der Mann der Stärkere ist, tendiere ich auch zu Männern, die mindestens fünfzehn Jahre älter sind als ich. (M: 29)

___ Ich weiß all dies und ziehe selbst eine Ehe vor, in der der Mann ___

___ der Stärkere ist. _____

2 Auch die kompliziertesten Vorschläge zum Bau eines solchen perpetuum mobile sind vollkommen nutzlos, und sie zeigen nur, daß der Erfinder sich nicht genügend mit den grundlegenden Gesetzen der Physik befaßt hat. (P:50)

_____

_____

3 Daß wir heute recht genau über den Bau und die Funktion der Zelle Bescheid wissen, ist nicht nur ein Verdienst vieler biologischer Wissenschaftler. (B:10)

_____

_____

4 Sie nahm ihn wahrhaftig wieder auf, die Brave, nachdem sie ein halbes Leben seinetwillen verwartet hatte, denn er war und blieb nun einmal ihr Mann. (L:88)

_____

_____

5 Viele glauben, sie seien nicht ausreichend sexy, nicht normal, wenn sie nicht auf dieser allgemeinen Sexwelle mitschwimmen, die vielleicht ihrem Innersten widerstrebt. (M:63)

_____

_____

Name _____ Datum _____

A Indicate by a check in the appropriate column whether the noun
  following the preposition is dative or accusative. Then give
  the reason for the use of that case: goal, position, time, or
  idiomatic usage. [§1.2.3 + §1.3.4; cf. §4 for case endings.]

	Dative	Accus.	Reason
1 in einem Dorf (1)	✓		*position*
2 an jenem Tage (8)			
3 ins Nachbardorf (21)			
4 auf ihren Mann (26)			
5 vor dem Hause (27)			
6 an die Tür (28)			
7 in all den Jahren (31)			
8 in der Stube (41)			
9 an seinen Auftrag (60)			
10 in die Stadt (67)			

B Give the infinitive of each of the following verbs. Watch
  out for separable components of compound verbs [§9.5.1].

  1 aufbot (10) [2a]   _____aufbieten_____

  2 traf (25) [5a]   _____

  3 antrugen (33) [6a] _____

  4 zuriet (34) [7a]   _____

  5 wies (36) [1a]   _____

  6 gefiel (40) [7a]   _____

  7 saß (41) [4d]   _____

  8 bat (45) [4d]   _____

  9 fuhr (51) [6a]   _____

C Give the antecedent of each of the following personal or relative pronouns. [§5.3]

  1 die (16)   _____Spur_____

  2 den (40)   _____

3 der (53)   -------------------------------

4 ihr (53)   -------------------------------

5 sie (63)   -------------------------------

6 ihm (64)   -------------------------------

7 der (65)   -------------------------------

8 sie (72)   -------------------------------

9 das (73)   -------------------------------

10 sie (80)   -------------------------------

D Using the principles reviewed in Exercise A on the other
side of this sheet, fill in the blanks with the appropriate
form of the prepositional phrase.

1 Die brave Ehefrau lebte nicht _____.
                                        (in + die Stadt)

2 Sie hörte Männerschritte _____.
                                     (vor + die Tür)

3 Die Frau wollte _____ einen Hefekuchen
backen.   (an + dieser Tag)

DAS FENSTER-THEATER

Die Frau lehnte am Fenster
und sah hinüber.
Der Wind trieb in leichten Stößen
vom Fluß herauf
und brachte nichts Neues.
Die Frau hatte den starren Blick
neugieriger Leute,
die unersättlich sind.
Es hatte ihr noch niemand den Ge-
    fallen getan,
vor ihrem Haus niedergefahren zu
    werden.
Außerdem wohnte sie
im vorletzten Stock,
die Straße lag zu tief unten.
Der Lärm rauschte nur mehr leicht
    herauf.
Alles lag zu tief unten.
Als sie sich eben vom Fenster ab-
    wenden wollte,
bemerkte sie,
daß der Alte gegenüber
Licht angedreht hatte.

Da es noch ganz hell war,

blieb dieses Licht für sich
und machte den merkwürdigen Ein-
    druck,
den aufflammende Straßenlaternen
unter der Sonne machen.
Als hätte einer an seinen Fenstern
    die Kerzen angesteckt,
noch ehe die Prozession die Kirche
    verlassen hat.
Die Frau blieb am Fenster.
    Der Alte öffnete
und nickte herüber.
Meint er mich? dachte die Frau.
Die Wohnung über ihr stand leer,
und unterhalb lag eine Werkstätte,
die um diese Zeit
schon geschlossen war.
Sie bewegte leicht den Kopf.
Der Alte nickte wieder.
Er griff sich an die Stirne,
entdeckte,
daß er keinen Hut aufhatte
und verschwand im Innern des
    Zimmers.
    Gleich darauf
kam er in Hut und Mantel wieder.
Er zog den Hut und lächelte.
Dann nahm er ein weißes Tuch
aus der Tasche
und begann zu winken.

THE WINDOW-THEATER

The woman leaned at the window
and looked across.
The wind drifted in light gusts
up from the river
and brought nothing new.
The woman had the glassy stare
of inquisitive people
who are insatiable.

No one had ever done her the favor

of being run over in front of her
    house.
Besides, she lived
in the next-to-last story;
the street was too far down.
The noise came up as only a muted
    rustle.
Everything lay too far below.
Just as she was about to turn away
    from the window,
she noticed
that the old man across the street
had turned on the light.
In view of the fact that it was
    still quite bright,
this light was conspicuous

and made the odd impression

which glaring streetlights
make in the sun.
As if someone had lit the candles
    in his windows
even before the procession left
    the church.
The woman remained at the window.
    The old man opened (his window)
and nodded across, in her direction.
Does he mean me? thought the woman.
The apartment above her was empty,
and below was a workshop,
which at this time
was already closed.
She moved her head slightly.
The old man nodded again.
He touched his forehead,
discovered
that he had no hat on

and disappeared inside the room.

    Right away
he returned with hat and coat on.
He tipped his hat and smiled.
Then he took a white handkerchief
out of his pocket
and began to wave.

Die Frau lehnte am Fenster und sah hinüber. Der Wind
trieb in leichten Stößen vom Fluß herauf und brachte nichts
Neues. Die Frau hatte den starren Blick neugieriger Leute,
die unersättlich sind. Es hatte ihr noch niemand den Ge-
5 fallen getan, vor ihrem Haus niedergefahren zu werden.
Außerdem wohnte sie im vorletzten Stock, die Straße lag zu
tief unten. Der Lärm rauschte nur mehr leicht herauf.
Alles lag zu tief unten. Als sie sich eben vom Fenster
abwenden wollte, bemerkte sie, daß der Alte gegenüber Licht
10 angedreht hatte. Da es noch ganz hell war, blieb dieses
Licht für sich und machte den merkwürdigen Eindruck, den
aufflammende Straßenlaternen unter der Sonne machen. Als
hätte einer an seinen Fenstern die Kerzen angesteckt, noch
ehe die Prozession die Kirche verlassen hat. Die Frau
15 blieb am Fenster.

Der Alte öffnete und nickte herüber. Meint er mich?
dachte die Frau. Die Wohnung über ihr stand leer, und
unterhalb lag eine Werkstatt, die um diese Zeit schon geschlossen war. Sie bewegte leicht den Kopf. Der Alte
20 nickte wieder. Er griff sich an die Stirne, entdeckte, daß
er keinen Hut aufhatte und verschwand im Innern des Zimmers.

Gleich darauf kam er in Hut und Mantel wieder. Er zog
den Hut und lächelte. Dann nahm er ein weißes Tuch aus der
Tasche und begann zu winken. Erst leicht und dann immer
25 eifriger. Er hing über die Brüstung, daß man Angst bekam,
er würde vornüberfallen. Die Frau trat einen Schritt zurück, aber das schien ihn nur zu bestärken. Er ließ das
Tuch fallen, löste seinen Schal vom Hals — einen großen
bunten Schal — und ließ ihn aus dem Fenster wehen. Dazu
30 lächelte er. Und als sie noch einen weiteren Schritt zu-
rücktrat, warf er den Hut mit einer heftigen Bewegung ab
und wand den Schal wie einen Turban um seinen Kopf. Dann
kreuzte er die Arme über der Brust und verneigte sich. Sooft er aufsah, kniff er das linke Auge zu, als herrsche
35 zwischen ihnen ein geheimes Einverständnis. Das bereitete
ihr so lange Vergnügen, bis sie plötzlich nur mehr seine
Beine in dünnen, geflickten Samthosen in die Luft ragen sah.
Er stand auf dem Kopf. Als sein Gesicht gerötet, erhitzt
und freundlich wieder auftauchte, hatte sie schon die Poli-
40 zei verständigt.

25 immer eifriger [§4.8.2] - *more and more energetically*	33 sich verneigen - *bow*
25 hing: *Infinitive?*	33 sooft = so oft - *as often as*
25 die Brüstung - *ledge outside the window*	34 zu·kneifen [1b] - *shut, wink*
26 vornüberfallen - *fall over*	35 ein geheimes Einverständnis - *a secret understanding*
27 fallen lassen - *drop*	37 geflickt - *patched, mended*
28 lösen - *take off*	37 die Samthose - *velvet trousers*
29 bunt - *colorful*	37 in die Luft ragen - *rise in the air*
31 warf: *Infinitive?*	39 auf·tauchen - *come up from below*
31 heftig - *vehement*	40 verständigen - *inform*
32 wand: *Infinitive?*	

Und während er, in ein Leintuch gehüllt, abwechselnd an
beiden Fenstern erschien, unterschied sie schon drei Gassen
weiter über dem Geklingel der Straßenbahnen und dem gedämpf-
ten Lärm der Stadt das Hupen des Überfallautos. Denn ihre
45 Erklärung hatte nicht sehr klar und ihre Stimme erregt ge-
klungen. Der alte Mann lachte jetzt, so daß sich sein
Gesicht in tiefe Falten legte, streifte dann mit einer vagen
Gebärde darüber, wurde ernst, schien das Lachen eine Sekunde
lang in der hohlen Hand zu halten und warf es dann hinüber.
50 Erst als der Wagen schon um die Ecke bog, gelang es der Frau,
sich von seinem Anblick loszureißen.

Sie kam atemlos unten an. Eine Menschenmenge hatte sich
um den Polizeiwagen gesammelt. Die Polizisten waren abge-
sprungen, und die Menge kam hinter ihnen und der Frau her.
55 Sobald man die Leute zu verscheuchen suchte, erklärten sie
einstimmig, in diesem Hause zu wohnen. Einige davon kamen
bis zum letzten Stock mit. Von den Stufen beobachteten sie,
wie die Männer, nachdem ihr Klopfen vergeblich blieb und die
Glocke allem Anschein nach nicht funktionierte, die Tür auf-
60 brachen. Sie arbeiteten schnell und mit einer Sicherheit,
von der jeder Einbrecher lernen konnte. Auch in dem Vorraum,
dessen Fenster auf den Hof sahen, zögerten sie nicht eine
Sekunde. Zwei von ihnen zogen die Stiefel aus und schlichen
um die Ecke. Es war inzwischen finster geworden. Sie stie-
65 ßen an einen Kleiderständer, gewahrten den Lichtschein am
Ende des schmalen Ganges und gingen ihm nach. Die Frau
schlich hinter ihnen her.

Als die Tür aufflog, stand der alte Mann mit dem Rücken
zu ihnen gewandt noch immer am Fenster. Er hielt ein großes

41 das Leintuch - *linen cloth* (Cf. Tuch, 23)
41 gehüllt (in + *acc.*) - *wrapped up (in)*
41 abwechselnd - *alternately*
42 die Gasse = die Stadtstraße
43 gedämpft - *muffled*
44 das Hupen des Überfallautos: *Police cars do not have a siren, but a three-toned alarm signal.*
47 die Falte - *furrow, wrinkle*
48 die Gebärde - *gesture*
48 darüber [§17.1.1]: *To what does* da- *refer?*
49 hohl - *cupped*
50 bog: *Infinitive?*
50 gelang: *Infinitive?*
51 sich von seinem Anblick loszu-reißen - *to tear herself away from looking at him*
55 verscheuchen - *chase away*
56 einstimmig - *unanimously*

58 wie die Männer...: *What is the rest of this clause?*
58 vergeblich - *futile*
59 allem Anschein nach [§18.6.2] - *apparently*
59 aufbrachen: *Infinitive?*
61 der: *Antecedent?*
61 der Einbrecher - *burglar*
61 der Vorraum = der Flur - *hallway*
62 sehen (auf + *acc.*) - *face*
62 zögern - *hesitate*
63 zogen: *Infinitive?*
63 der Stiefel - *boot*
63 schlichen: *Infinitive?*
64 inzwischen - *meanwhile*
64 finster = dunkel
64 stießen (an + *acc.*) - *bumped against (Infinitive:* stoßen [7e])
66 schmal - *narrow*
66 der Gang = der Vorraum (61)
68 aufflog: *Infinitive?*
69 gewandt: *Infinitive?*

70 weißes Kissen auf dem Kopf, das er immer wieder abnahm, als
   bedeutete er jemandem, daß er schlafen wolle. Den Teppich,
   den er vom Boden genommen hatte, trug er um die Schultern.
   Da er schwerhörig war, wandte er sich auch nicht um, als die
   Männer schon knapp hinter ihm standen und die Frau über ihn
75 hinweg in ihr eigenes finsteres Fenster sah.
      Die Werkstatt unterhalb war, wie sie angenommen hatte,
   geschlossen. Aber in die Wohnung oberhalb mußte eine neue
   Partei eingezogen sein. An eines der erleuchteten Fenster
   war ein Gitterbett geschoben, in dem aufrecht ein kleiner
80 Knabe stand. Auch er trug sein Kissen auf dem Kopf und die
   Bettdecke um die Schultern. Er sprang und winkte herüber
   und krähte vor Jubel. Er lachte, strich mit der Hand über
   das Gesicht, wurde ernst und schien das Lachen eine Sekunde
   in der hohlen Hand zu halten. Dann warf er es mit aller
85 Kraft den Wachleuten ins Gesicht.

                              — Ilse Aichinger (1921-   )

70 das Kissen - *pillow*
70 als [§18.1.2]
71 bedeuten - *suggest, give to understand*
71 der Teppich - *rug*
74 knapp hinter ihm - *right behind him*
75 über ihn hinweg [§15] - *past him*
76 an•nehmen [5c] - *assume*
78 die Partei - *renter*

78 eingezogen sein - *have moved in*
   (*Infinitive:* ein•ziehen [2a])
79 das Gitterbett = das Kinderbett
81 die Bettdecke - *blanket*
82 vor Jubel krähen - *crow for joy*
82 strich: *Infinitive?* = streifte
   (47)
85 Wachleute [§3.5] = Polizisten
   [§1.3.5]

2b *Die Wallfahrt nach Kevlaar*

                              1

       Am Fenster stand die Mutter,
       im Bette lag der Sohn.
       „Willst du nicht aufstehn, Wilhelm,
       zu schaun die Prozession?"

   5   „Ich bin so krank, o Mutter,
       daß ich nicht hör und seh;
       ich denk an das tote Gretchen,
       da tut das Herz mir weh." —

Title: die Wallfahrt - *pilgrimage*
Title: Kevlaar: *small city about 100 km. from Cologne with a chapel*

built in the 17th century
4 schaun = schauen

„Steh auf, wir wollen nach Kevlaar,
10 nimm Buch und Rosenkranz;
die Mutter Gottes heilt dir
dein krankes Herze ganz."

Es flattern die Kirchenfahnen,
es singt im Kirchenton;
15 das ist zu Köllen am Rheine,
da geht die Prozession.

Die Mutter folgt der Menge,
den Sohn, den führet sie,
sie singen beide im Chore:
20 Gelobt seist du, Marie!

2

Die Mutter Gottes zu Kevlaar
trägt heut ihr bestes Kleid;
heut hat sie viel zu schaffen,
es kommen viel kranke Leut.

25 Die kranken Leute bringen
ihr dar, als Opferspend,
aus Wachs gebildete Glieder,
viel wächserne Füß und Händ.

Und wer eine Wachshand opfert,
30 dem heilt an der Hand die Wund;
und wer einen Wachsfuß opfert,
dem wird der Fuß gesund.

Nach Kevlaar ging mancher auf Krücken,
der jetzo tanzt auf dem Seil;
35 gar mancher spielt jetzt die Bratsche,
dem dort kein Finger war heil.

Die Mutter nahm ein Wachslicht,
und bildete draus ein Herz.
„Bring das der Mutter Gottes,
40 dann heilt sie deinen Schmerz."

Der Sohn nahm seufzend das Wachsherz,
ging seufzend zum Heiligenbild;
die Träne quillt aus dem Auge,
das Wort aus dem Herzen quillt:

10 das Buch – *prayer book*
13 die Fahne – *banner*
14 es singt im Kirchenton – *sacred music is being sung*
15 Köllen = Köln – *Cologne*
20 gelobt seiest du – *praise be to you*
23 schaffen = tun
25 dar•bringen – *offer*
26 Spend = die Spende = die Gabe, das Geschenk

27 das Wachs – *wax*
33 mancher – *many a one*
34 jetzo = jetzt
34 auf dem Seil tanzen – *walk a tightrope*
35 die Bratsche – *viola*
41 seufzen – *sigh*
42 das Heiligenbild – *statue of a saint (here, the Virgin Mary)*
43 quellen [2e] – *pour, flow*

45 „Du Hochgebenedeite,
   du reine Gottesmagd,
   du Königin des Himmels,
   dir sei mein Leid geklagt!

   Ich wohnte mit meiner Mutter,
50 zu Köllen in der Stadt,
   der Stadt, die viele Hundert
   Kapellen und Kirchen hat.

   Und neben uns wohnte Gretchen,
   doch die ist tot jetzund —
55 Marie, dir bring ich ein Wachsherz,
   heil du meine Herzenswund.

   Heil du mein krankes Herze —
   ich will auch spät und früh
   inbrünstiglich beten und singen:
60 Gelobt seist du Marie!"

3

   Der kranke Sohn und die Mutter,
   die schliefen im Kämmerlein;
   da kam die Mutter Gottes
   ganz leise geschritten herein.

65 Sie beugte sich über den Kranken,
   und legte ihre Hand
   ganz leise auf sein Herze,
   und lächelte mild und schwand.

   Die Mutter schaut alles im Traume,
70 und hat noch mehr geschaut;
   sie erwachte aus dem Schlummer,
   die Hunde bellten so laut.

   Da lag dahingestrecket
   ihr Sohn, und der war tot;
75 es spielt auf den bleichen Wangen
   das lichte Morgenrot.

   Die Mutter faltet die Hände,
   ihr war, sie wußte nicht wie;
   andächtig sang sie leise:
80 Gelobt seist du Marie!

            — Heinrich Heine
                (1797-1856)

45 die Hochgebenedeite - *most blessed one*
54 jetzund = jetzt
59 inbrünstiglich - *fervently*
63 kam...leise geschritten - *came walking softly*

72 bellen - *bark*
75 bleich - *pale*
75 die Wange - *cheek*
79 andächtig - *piously*

QUESTIONS ON THE TEXT

Das Fenster-Theater

Where was the woman, and what was
   she doing?

What was her essential nature?

What would she have *really* liked to
   see happen in front of her
   house?

In what part of the building did
   she live?

What time of day was it? (How do
   you know?)

Where did the old man she was ob-
   serving live in relation to her
   house?

What impression did the light in his
   window make?

Why did the woman stay at her window?

What did the old man do as she was
   watching?

What did the woman think he meant
   by this?

On what assumption did she base her
   belief?

What did she do in response?

And what did he do then?

What strange things did he do as she
   watched?

At what point did she decide to call
   the police?

Why did the police come so quickly
   in response to her call?

Describe the gesture the old man was
   making at the time the woman
   turned away from her window.

How were the police greeted at the
   house?

What excuse did the crowd give for
   following the policemen into
   the house?

In what part of the building did the
   old man live?

How did the policemen get into his
   apartment?

Why did they have to make entry in
   that way?

Did they make any noise after they
   got into the apartment?

How did they try to assure that
   they would not make any noise?

What was the old man doing when they
   threw open the door?

What could the woman see as she
   stood behind the old man?

What had been correct about her as-
   sumptions in the second para-
   graph, and what had been wrong?

Why had the old man been acting so
   strangely?

How did the little boy respond?

Wo lehnte die Frau und wohin sah
   sie?

Was für eine Frau war sie?

Wo wohnte sie?

Was bemerkte sie, als sie sich eben
   vom Fenster abwenden wollte?

Was tat der Alte?

Was fragte sich die Frau?

Warum konnte sie glauben, daß der
   Alte sie meinte?

Beschreiben Sie, was der Alte jetzt
   tat!

Was glaubte die Frau, als sie das
   alles sah?

Wen rief sie an?

Was machten die Polizisten, als sie
   ankamen?

Was mußten sie tun, um in die Wohnung des Alten zu kommen?

Was konnte die Frau sehen, als sie
   im Zimmer stand?

Warum hatte der Alte auf diese
   Weise „Theater" gespielt?

Die Wallfahrt nach Kevlaar

What kind of pilgrimage does the
   mother want her son to make?

Why doesn't he want to?

What does she say will happen if
   they go on the pilgrimage?

What is the object of this pilgrimage?

Why does the Virgin Mary have so
   much to do today?

What do the people bring her?

What does Wilhelm bring her as a
   symbol of his illness?

What is his illness and what caused
   it?

How does the Virgin heal the son's
   illness?

How does the mother see all this?

Why does she wake up?

How does she take her son's death?

WORDS AND WORD FAMILIES

als [§18.1.1] (8, 38, 73)
    [§18.1.2] (12, 34, 70)
der Blick -e (3)
    der Anblick (51)
brechen [5a]
    auf·brechen (59)
    der Einbrecher - (61)
erklären (55)
    die Erklärung -en (45)
ernst (48, 83)
finster (64, 75)
das Gesicht -er (38, 47, 83, 85)
halten [7a] (49, 69, 84)
her- *(toward the speaker)* / hin-
    (away from the speaker)
    herauf (7)
    herüber (16, 81)
    hinüber (1, 49)
    (über ihn) hinweg (75)
hohl (49)
das Kissen - (70, 80)
lächeln (23, 30)
der Lärm (7, 44)
leicht (2, 7, 24)
die Menge -n (54)
    die Menschenmenge -n (52)

nicken (16, 20)
scheinen [1a] (zu + *infinitive*)
    (27, 48, 83)
schleichen [1b] (63, 67)
die Stimme -n (45)
    einstimmig (56)
der Stock/Stockwerke (6, 57)
stoßen [7e] (64)
    der Stoß/Stöße (2)
das Tuch/Tücher (23)
    das Leintuch/-tücher (41)
unterhalb (18, 76)
weiter (30, 43)
wenden [§6.1.2] (69)
    sich ab·wenden (9)
    sich um·wenden (73)
werfen [5a] (84)
    ab·werfen (31)
    hinüber·werfen (49)
die Werkstatt/-stätten (18, 76)
winken (24, 81)
ziehen [2a]
    (den Hut) ziehen (22)
    (die Stiefel) aus·ziehen (63)

Übung A

Name _____ Datum _____

A Indicate by a check in the appropriate column whether the noun or pronoun in the underlined phrase is dative or accusative. Then give the reason for the use of that case: goal, position, time, or idiomatic usage. [§1.2.3 + §1.3.4; cf. §4 for case endings.]

	Dat.	Acc.	Reason
1 Die Frau wohnte <u>im vorletzten Stock</u>. (L:6)	----	----	------------
2 Die Wohnung <u>über ihr</u> stand leer. (L:17)	----	----	------------
3 Die Fenster des Vorraumes sahen <u>auf den Hof</u>. (L:62)	----	----	------------
4 <u>An eines der Fenster</u> war ein Gitterbett geschoben. (L:79)	----	----	------------
5 Bei einigen Bäumen fallen die Blätter <u>im Herbst</u> ab. (B:4)	----	----	------------
6 Der Blütenstaub kann direkt <u>auf die Samenanlage</u> gelangen. (B:13)	----	----	------------
7 Die Samenanlage liegt „nackt" <u>auf dem Fruchtblatt</u>. (B:15)	----	----	------------
8 Braune Nadelstiele bleiben beim Abfallen <u>am Zweig</u> zurück. (B:29)	----	----	------------
9 Vorsicht, sagt sich ein jeder, <u>vor intimerer Bekanntschaft mit den Leuten von nebenan</u>. (M:11)	----	----	------------
10 Dienstags geht die Frau <u>auf den Markt</u>. (M:25)	----	----	------------
11 Zu wem wird die Truhe <u>ins Haus</u> getragen? (M:34)	----	----	------------
12 Man kann Schwefel durch Zerreiben <u>in kleinste Teilchen</u> zerteilen. (P:1)	----	----	------------
13 <u>Auf der Strecke</u> 1 mm hätten ungefähr 10 Millionen Atome Platz. (P:18)	----	----	------------
14 Ein Molekül Quecksilberoxid zerfällt <u>in ein Atom Quecksilber und ein Atom Sauerstoff</u>. (P:69)	----	----	------------

B Review pages 53 and 54 of the Einführung. Then give the infinitive of each of the underlined verbs. Watch out for the separated components of compound verbs.

1 Die meisten Arten der Nadelgehölze <u>behalten</u> ihre Nadeln über den Winter. (B:2)   --------------

2 Bei einigen <u>fallen</u> sie im Herbst ab. (B:4) --------------

3 Ein Zapfen <u>setzt</u> sich aus vielen einzelnen Zapfenschuppen zusammen. (B:10) --------------

4 Die Samenanlagen sind nicht von Fruchtknoten <u>umgeben</u>. (B:12) --------------

5 Der Blütenstaub kann direkt auf die Samen- anlage <u>gelangen</u>. (B:13) --------------

6 Unterhalb <u>lag</u> [4c] eine Werkstatt. (L:18) --------------

7 Sie <u>bewegte</u> leicht den Kopf. (L:19) --------------

8 Sooft er <u>aufsah</u> [4b], <u>kniff</u> [1b] er das linke Auge zu. (L:34) --------------

9 Er <u>schien</u> [1a] das Lachen eine Sekunde lang in der hohlen Hand zu halten. (L:48) --------------

10 Ein wunderbarer Instinkt hat dem Menschen <u>eingegeben</u>, mit Nachbarn nicht befreundet sein zu wollen. (M:1) --------------

11 Seine Freunde <u>erwirbt</u> [5a] man anders.(M:4) --------------

12 Es <u>geschah</u> [4b] schon, daß Freunde, als sie nebeneinander wohnten, ihre Freundschaft <u>einbüßten</u>. (M:6) --------------

13 <u>Brät</u> [7a] die Nachbarin eine Gans? (M:24) [Cf. §7.1.1:Note] --------------

14 Die Frage <u>drängt</u> sich auf. (M:30) --------------

15 In Gedanken <u>setzen</u> wir diese Teilung fort, wobei wir zu immer kleineren Teilchen ge- langen. (P:2) --------------

16 Es ist auf andere Weise <u>gelungen</u> [3a], ein- zelne Atome <u>nachzuweisen</u>. (P:19) --------------

17 Zwischen ihnen <u>spielen</u> sich die chemischen Vorgänge ab. (P:23) --------------

18 Wenn man eine Verbindung immer weiter zu <u>unterteilen</u> sucht, kommt man zu einer be- stimmten, endlichen Grenze. (P:24) --------------

C Review the notes on pronunciation on pages 53 and 54 of the Einführung. Then underline the accented syllable in each of the following verbs, taken from the sentences above. Be ready to read aloud the sentences in which they occur, being careful to stress the accented syllable.

1 behalten   11 erwirbt

4 umgeben   12 geschah, einbüßten

5 gelangen   16 gelungen, nachzuweisen

7 bewegte   18 unterteilen

10 eingegeben

Name _____ Datum _____

A Indicate by a check in the appropriate column whether the noun
  or pronoun following the preposition is dative or accusative.
  Then look at the sentence in which the phrase occurs and determine the reason for that case: goal, position, time, or
  idiomatic usage. [§1.2.3 + §1.3.4]

		Dat.	Acc.	Reason
1	am Fenster (1)	----	----	-----------
2	vor ihrem Haus (5)	----	----	-----------
3	an die Stirne (20) (See Notes 31-36, p. 21, Einführung.)	----	----	-----------
4	über die Brüstung (25)	----	----	-----------
5	über der Brust (33)	----	----	-----------
6	zwischen ihnen (35)	----	----	-----------
7	auf dem Kopf (38)	----	----	-----------
8	in ein Leintuch (41)	----	----	-----------
9	in tiefe Falten (47)	----	----	-----------
10	hinter ihnen und der Frau (54)	----	----	-----------
11	hinter ihnen (67)	----	----	-----------
12	hinter ihm (74)	----	----	-----------
13	über ihn hinweg (74) [§15]	----	----	-----------
14	in ihr eigenes Fenster (75)	----	----	-----------
15	In die Wohnung (77)	----	----	-----------
16	in dem (79)	----	----	-----------
17	vor Jubel (82) (See Note 32, p. 21, Einführung.)	----	----	-----------
18	über das Gesicht (82)	----	----	-----------
19	in der hohlen Hand (84)	----	----	-----------
20	ins Gesicht (85)	----	----	-----------

   [Note the frequent use of the definite article with parts of the body
   in the phrases above.]

B Rewrite the following sentences in the present tense. [§7.1.1]

1 Der Alte öffnete und nickte herüber.

----

2 Meint er mich? dachte die Frau.

----

3 Die Wohnung über ihr stand leer.

----

4 Unterhalb lag eine Werkstatt.

----

5 Er griff sich an die Stirne.

----

6 Sooft er aufsah, kniff er das linke Auge zu.

----

7 Er wurde ernst.

----

8 Er warf das Lachen über die Straße.

C The gender of a noun can often be determined by a careful reading of contextual clues. Look at the text and then mark the
gender of each noun given by writing the appropriate nominative
singular form of the definite article: der, die, or das. [§4]

1 _____ Blick (3)   6 _____ Schritt (26)

2 _____ Gefallen (4)   7 _____ Schal (28)

3 _____ Lärm (7)   8 _____ Turban (32)

4 _____ Eindruck (11)   9 _____ Einverständnis (35)

5 _____ Hut (21)   10 _____ Leintuch (41)

BEKENNTNIS
EINES
HUNDEFÄNGERS

Nur zögernd bekenne ich mich
zu einem Beruf,
der mich zwar ernährt,
mich aber zu Handlungen zwingt,
die ich nicht immer reinen Gewissens
    vornehmen kann:
Ich bin Angestellter des Hundesteuer-
    amtes
und durchwandere die Gefilde unserer
    Stadt,

um unangemeldete Beller aufzuspüren.

Als friedlicher Spaziergänger getarnt,
rundlich und klein,
eine Zigarre mittlerer Preislage im
    Mund,
gehe ich durch Parks und stille
    Straßen,
lasse mich mit Leuten, die Hunde spa-
    zierenführen, in ein Gespräch
    ein,

merke mir ihre Namen, ihre Adresse,

kraule freundlich tuend dem Hund den
    Hals,
wissend, daß er demnächst fünfzig
    Mark einbringen wird.
    Ich kenne die angemeldeten Hunde,
rieche es gleichsam,
spüre es,
wenn ein Köter reinen Gewissens an
    einem Baum steht
und sich erleichtert.
Mein besonderes Interesse gilt
    trächtigen Hündinnen,
die der freudigen Geburt zukünftiger
    Steuerzahler entgegensehen;
ich beobachte sie,
merke mir genau den Tag des Wurfes
und überwache,

wohin die Jungen gebracht werden,

lasse sie ahnungslos groß werden
bis zu jenem Stadium,
wo niemand sie mehr zu ertränken
    wagt —
und überliefere sie dann dem Gesetz.
Vielleicht hätte ich einen anderen
    Beruf erwählen sollen,
denn ich habe Hunde gern,
und so befinde ich mich dauernd
im Zustand der Gewissensqual:

CONFESSION
OF A
DOGCATCHER

Only hesitantly I admit
having a trade
which does, indeed, support me,
but which forces me to actions
that I cannot always perform with
    a clear conscience:
I am an employee of the Dog License
    Bureau
and prowl the open spaces of our
    city
in order to track down unlicensed
    dogs (literally: barkers).
Camouflaged as a peaceful stroller,
rotund and short,
with a medium-priced cigar in my
    mouth,
I walk through parks and quiet
    streets,
get involved in conversation with
    people who are taking their
    dogs for a walk,
make a mental note of their names,
    their addresses;
acting friendly, I scratch the dog's
    neck,
knowing that within a short time he
    will bring in fifty marks.
    I know the registered dogs,
I smell it, so to speak,
I feel it
when a mutt stands next to a tree,
    with a clear conscience,
and relieves himself.
My special interest is reserved for
    pregnant bitches
who are looking forward to the joy-
    ous birth of future taxpayers;
I observe them,
note exactly the day of littering,
and keep under surveillance
(the places) where the pups are
    brought,
let them grow up unsuspecting,
to that stage
where no one any longer dares to
    drown them —
and then turn them over to the law.
Perhaps I should have chosen another
    line of work,
for I like dogs;
and so I am constantly
in a state of mental anguish:

Nur zögernd bekenne ich mich zu einem Beruf, der mich
zwar ernährt, mich aber zu Handlungen zwingt, die ich nicht
immer reinen Gewissens vornehmen kann: Ich bin Angestellter
des Hundesteueramtes und durchwandere die Gefilde unserer
5 Stadt, um unangemeldete Beller aufzuspüren. Als friedlicher
Spaziergänger getarnt, rundlich und klein, eine Zigarre
mittlerer Preislage im Mund, gehe ich durch Parks und stille
Straßen, lasse mich mit Leuten, die Hunde spazierenführen,
in ein Gespräch ein, merke mir ihre Namen, ihre Adresse,
10 kraule freundlich tuend dem Hund den Hals, wissend, daß er
demnächst fünfzig Mark einbringen wird.
    Ich kenne die angemeldeten Hunde, rieche es gleichsam,
spüre es, wenn ein Köter reinen Gewissens an einem Baum steht
und sich erleichtert. Mein besonderes Interesse gilt träch-
15 tigen Hündinnen, die der freudigen Geburt zukünftiger Steuer-
zahler entgegensehen: ich beobachte sie, merke mir genau den
Tag des Wurfes und überwache, wohin die Jungen gebracht werden, lasse sie ahnungslos groß werden bis zu jenem Stadium,
wo niemand sie mehr zu ertränken wagt — und überliefere sie
20 dann dem Gesetz. Vielleicht hätte ich einen anderen Beruf
erwählen sollen, denn ich habe Hunde gern, und so befinde
ich mich dauernd im Zustand der Gewissensqual: Pflicht und
Liebe streiten sich in meiner Brust, und ich gestehe offen,
daß manchmal die Liebe siegt. Es gibt Hunde, die ich einfach
25 nicht melden kann, bei denen ich — wie man so sagt — beide
Augen zudrücke. Besondere Milde beseelt mich jetzt, zumal
mein eigener Hund auch nicht angemeldet ist: ein Bastard,
den meine Frau liebevoll ernährt, liebstes Spielzeug meiner
Kinder, die nicht ahnen, welch ungesetzlichem Wesen sie ihre
30 Liebe schenken.
    Das Leben ist wirklich riskant. Vielleicht sollte ich
vorsichtiger sein; aber die Tatsache, bis zu einem gewissen
Grade Hüter des Gesetzes zu sein, stärkt mich in der Gewiß-
heit, es permanent brechen zu dürfen. Mein Dienst ist hart:
35 ich hocke stundenlang in dornigen Gebüschen der Vorstadt,

21 erwählen - *choose*
21 sich befinden - *be, feel*
22 dauernd - *constantly*
22 die Gewissensqual - *mental
    anguish*
23 streiten sich [§5.4.2] -
    struggle with each other
23 gestehen [§6.2.2] - *admit*
25 beide Augen zu•drücken = etwas
    absichtlich nicht beachten
26 die Milde - *leniency*
26 beseelen - *move, stir*
26 zumal - *particularly since*

29 welch ungesetzlichem Wesen
    (*dative*) *to what an illegal
    creature*
31 sollte...sein - *ought to be*
32 zu einem gewissen Grade - *to a
    certain degree*
33 der Hüter - *guardian*
34 es: *Antecedent?*
34 permanent = dauernd (22)
35 hocken - *squat*
35 das Gebüsch - *bushes*
35 die Vorstadt - *suburb (originally
    outside the city wall; the word
    does not necessarily have a con-
    notation of affluence)*

warte darauf, daß Gebell aus einem Behelfsheim dringt oder
wildes Gekläff aus einer Baracke, in der ich einen verdäch-
tigen Hund vermute. Oder ich ducke mich hinter Mauerreste
und lauere einem Fox auf, von dem ich weiß, daß er nicht
40　Inhaber einer Karteikarte, Träger einer Kontonummer ist.
Ermüdet, beschmutzt kehre ich dann heim, rauche meine Zigarre am Ofen und kraule unserem Pluto das Fell, der mit dem
Schwanz wedelt und mich an die Paradoxie meiner Existenz
erinnert.
45　　　So wird man begreifen, daß ich sonntags einen ausgiebigen
Spaziergang mit Frau und Kindern und Pluto zu schätzen weiß,
einen Spaziergang, auf dem ich mich für Hunde gleichsam nur
platonisch zu interessieren brauche, denn sonntags sind
selbst die unangemeldeten Hunde der Beobachtung entzogen.
50　　　Nur muß ich in Zukunft einen anderen Weg bei unseren Spa-
ziergängen wählen, denn schon zwei Sonntage hintereinander
bin ich meinem Chef begegnet, der jedesmal stehenbleibt,
meine Frau, meine Kinder begrüßt und unserem Pluto das Fell
krault. Aber merkwürdigerweise: Pluto mag ihn nicht, er
55　knurrt, setzt zum Sprung an, etwas, das mich im höchsten
Grade beunruhigt, mich jedesmal zu einem hastigen Abschied
veranlaßt und das Mißtrauen meines Chefs wachzurufen beginnt,
der stirnrunzelnd die Schweißtropfen betrachtet, die sich
auf meiner Stirn sammeln.
60　　　Vielleicht hätte ich Pluto anmelden sollen, aber mein
Einkommen ist gering —— vielleicht hätte ich einen anderen
Beruf ergreifen sollen, aber ich bin fünfzig, und in meinem
Alter wechselt man nicht mehr gern: jedenfalls wird mein
Lebensrisiko zu permanent, und ich würde Pluto anmelden,

36 das Behelfsheim...die Baracke:
This story was written in 1953,
when many Germans were still
living in temporary housing or
in barracks, because about 40%
of their housing had been de-
stroyed in World War II.
37 das Gekläff - *yelping, yapping*
38 vermuten - *suspect*
38 Mauerreste *(pl.) - ruins of a*
wall (Reste - *remains*)
39 auf·lauern *(+ dative) - lie in*
wait for
39 der Fox - *fox terrier*
40 der Inhaber = der Besitzer
40 die Karteikarte - *card in a card*
index, i.e. registration
40 die Kontonummer - *registration*
number, dog tag
41 heim·kehren - *return home*
43 wedeln - *wag*
45 begreifen = verstehen
45 ausgiebig - *long and enjoyable*
46 schätzen - *appreciate*
47 gleichsam - *so to speak*

49 entzogen sein - *be exempt from*
50 nur - *the only thing is,*
51 hintereinander - *in a row*
52 begegnen [§7.4.2]
54 merkwürdigerweise - *strangely*
enough
55 zum Sprung an·setzen - *get set*
to jump
56 der Abschied - *farewell*
57 veranlassen - *induce*
57 das Mißtrauen - *suspicion*
58 stirnrunzelnd - *frowning*
58 der Schweißtropfen - *bead of*
perspiration
59 die Stirn - *forehead*
61 das Einkommen - *income*
61 gering = wenig
62 ergreifen [1b] - *take up*
63 das Alter - *age:* in meinem Alter -
at my age
63 jedenfalls - *at any rate*
64 mein Lebensrisiko wird zu permanent - *the hazards involved in my*
way of life keep occurring too
frequently

65 wenn es noch ginge. Aber es geht nicht mehr: In leichtem
Plauderton hat meine Frau dem Chef berichtet, daß wir das
Tier schon drei Jahre besitzen, daß es mit der Familie ver-
wachsen sei, unzertrennlich von den Kindern —— und ähnliche
Scherze, die es mir unmöglich machen, Pluto jetzt noch anzu-
70 melden.

Vergebens versuche ich, meiner inneren Gewissensqual Herr
zu werden, indem ich meinen Diensteifer verdoppele: es nützt
mir alles nichts: ich habe mich in eine Situation begeben,
aus der mir kein Ausweg möglich erscheint. Zwar soll man dem
75 Ochsen, der da drischt, das Maul nicht verbinden, aber ich
weiß nicht, ob mein Chef elastischen Geistes genug ist, Bibel-
texte gelten zu lassen. Ich bin verloren, und manche werden
mich für einen Zyniker halten, aber wie soll ich es nicht
werden, da ich dauernd mit Hunden zu tun habe...

—— Heinrich Böll (1917-   )

66 der Plauderton - *chatty tone*
67 verwachsen [6a] (mit) - *grow to
be a part (of)*
68 unzertrennlich - *inseparable*
69 der Scherz - *pleasantry, banter*
71 die Gewissensqual: *genitive with*
Herr werden - *master, bring under
control*
72 indem [§8.4.1.2]
72 der Diensteifer - *zeal*
73 sich begeben (in + *acc.*) - *get involved (in)*
74 der Ausweg - *way out*
74 zwar [§18.8.2]
75 dem Ochsen ... verbinden: *From Lu-
ther's translation of the Bible:*
5. Mose 25,4: „Du sollst dem
Ochsen, der da drischet, nicht
das Maul verbinden." *From The*

*Jerusalem Bible: Deuteronomy 25,4:
"You must not muzzle an ox when
it is treading out the corn."
I Timothy 5,18: "As scripture
says: You must not muzzle an ox
when it is treading out the corn;
and again: The worker deserves
his pay." —— German literature
abounds in quotations from and
allusions to the Bible.*
76 elastischen Geistes genug - *of a
sufficiently flexible spirit*
77 gelten lassen - *acknowledge the
legal validity of*
78 halten für - *consider, regard*
78 es = Zyniker, zynisch (Das Wort
„zynisch" leitet sich vom Grie-
chischen her: kynikos - hündisch,
bissig.)

3b   *Drei Liebesgedichte*

Ein Jüngling liebt ein Mädchen,
die hat einen andern erwählt;
der andre liebt eine andre,
und hat sich mit dieser vermählt.

5 Das Mädchen heiratet aus Ärger
den ersten besten Mann,
der ihr in den Weg gelaufen;
der Jüngling ist übel dran.

4 sich vermählen = sich verheiraten
5 aus Ärger - *because of anger*
6 den ersten besten - *the very first*

8 er ist übel dran = es geht ihm
schlecht

Es ist eine alte Geschichte,
10 doch bleibt sie immer neu;
und wem sie just passieret,
dem bricht das Herz entzwei.

*

Ein Fichtenbaum steht einsam
im Norden auf kahler Höh.
15 Ihn schläfert; mit weißer Decke
umhüllen ihn Eis und Schnee.

Er träumt von einer Palme,
die, fern im Morgenland,
einsam und schweigend trauert
20 auf brennender Felsenwand.

*

Die Lotosblume ängstigt
sich vor der Sonne Pracht,
und mit gesenktem Haupte
erwartet sie träumend die Nacht.

25 Der Mond, der ist ihr Buhle,
er weckt sie mit seinem Licht,
und ihm entschleiert sie freundlich
ihr frommes Blumengesicht.

Sie blüht und glüht und leuchtet,
30 und starret stumm in die Höh;
sie duftet und weinet und zittert
vor Liebe und Liebesweh.

— Heinrich Heine (1797-1856)

11 wem [§5.5.1] – *the one to whom*
11 just = eben, gerade
11 passieret = passiert ist (Passieren *is regularly used in reference to unfortunate or painful happenings.*)
12 dem: *Antecedent:* wem [§1.3.5]
13 der Fichtenbaum – *spruce tree*
14 kahl – *bare*
15 ihn schläfert – *he is drowsy*
18 das Morgenland – *orient*
19 trauern – *mourn*
20 brennend – *hot (from the burning sun)*
20 die Felsenwand – *cliff*
21 sich ängstigen [§9.3.1] = Angst haben, sich große Sorgen machen

22 die Pracht – *splendor*
23 mit gesenktem Haupte – *with lowered head*
25 der[2] [§13.1.2]
27 entschleiern – *reveal*
28 fromm – *innocent*
29 glühen – *glow*
29 leuchten – *radiate*
30 stumm – *silently*
31 duften – *give off fragrance*
31 zittern – *tremble*
(Note how the grammatical gender of the nouns contributes to the symbolism of the second and third poems.)

QUESTIONS ON THE TEXT

Bekenntnis eines Hundefängers

Why does the dogcatcher have qualms about his job?

What is his special personal problem?

What is his attitude toward the breaking of the law?

How does he excuse himself for his transgression?

How does he regard the dogs he sees when he takes his Sunday stroll?

Why is he now worried about his Sunday afternoon walk?

How does Pluto like the narrator's boss?

What signs of worry may the boss notice in the narrator?

Why hasn't he registered his dog?

Why doesn't he get another job?

Why can't he register Pluto now?

How does he try to get rid of his pangs of conscience?

Does he think his boss would be understanding enough to forgive him his mistake? (Give reasons for your answer.)

Will he keep on being a dogcatcher if his boss doesn't notice his failure?

Beschreiben Sie den Beruf des Hundefängers!

Hat der Erzähler dieser Geschichte seinen Beruf gern?

Warum ist er eigentlich Hundefänger?

Hat er selbst einen Hund?

Wie heißt dieser?

Was für ein Hund ist der Pluto?

Hat ihn die Familie gern?

Hat der Erzähler seinen Hund angemeldet?

Warum glaubt er, daß er das Recht hat, seinen eigenen Hund nicht anzumelden?

Was macht der Erzähler jeden Sonntag mit Familie und Hund?

Interessiert er sich dann beruflich für andere Hunde?

Wem ist er die letzten zwei Sonntage begegnet?

Was für Sorgen hat er jetzt?

Was hat seine Frau seinem Chef erzählt?

Was kann er jetzt nicht mehr machen?

Warum nicht?

Was wird er wahrscheinlich tun müssen?

Drei Liebesgedichte

The first poem:

How many of the couples described marry for love,

How many marry "on the rebound"?

How many of the young people remain unmarried?

The second poem:

What attracts the spruce tree to the palm?

The third poem:

Is the description in this poem based upon observable facts in nature?

WORDS AND WORD FAMILIES

ahnen (29)
begegnen [Cf. §7.4.2] (52)
begreifen [1b] (45)
bekennen [§6.1.2] (1)
    das Bekenntnis -nisse (Title)
beobachten (16)
    die Beobachtung -en (49)
der Beruf -e (1, 20, 62)
der Chef -s (52, 66)
dauernd (22, 79)
der Dienst -e (34)
    der Diensteifer (72)
erinnern (44)
das Fell -e (42, 53)
gelten [5a] (14, 77)
das Gesetz -e (20, 33)
    ungesetzlich (29)
gestehen [§6.2.2] (23)
gewiß (32)
    die Gewißheit -en (33)
das Gewissen - (3, 13)
    die Gewissensqual -en (22, 71)
gleichsam (12, 48)
halten [7a] (für) (78)

jedenfalls (63)
kraulen (10, 42, 54)
lassen [7a] (18)
    sich ein·lassen (8)
manchmal (24)
melden (25)
    an·melden (27, 60, 64, 69)
    unangemeldet (5, 49)
merken (9, 16)
rein (3, 13)
der Spaziergang/-gänge (46, 47, 50)
    der Spaziergänger - (6)
    spazieren·führen (8)
stehen·bleiben [1a] (52)
die Steuer -n:
    das Hundesteueramt/-ämter (4)
    der Steuerzahler - (15)
die Stirn -en (59)
    stirnrunzelnd (58)
wählen (51)
    erwählen (20)
die Zukunft (50)
    zukünftig (15)
zwar [§18.8.2] (1, 74)

Name _____   Datum _____

A Underline each form of **werden** in the following sentences and
  indicate its usage: independent (I), future (F), passive (P).
  [§10]

_P_ 1 Kathodenstrahlen <u>wurden</u> mit hoher Geschwindigkeit durch
       dünne Metallschichten geschickt. (P:9)

___ 2 Rutherford fand in einzelnen Fällen, daß ein einge-
       strahltes α-Teilchen genau in der Einstrahlungsrichtung
       zurückgeworfen wurde.(P:21)

___ 3 Aus dem materieerfüllten, kugelförmigen Atom der Dalton-
       schen Zeit war ein verwickeltes Gebilde aus Kern und
       Elektronen geworden. (P:28)

___ 4 Die Ausrede, daß diese Ansicht nicht genügend bewiesen
       sei, kann nicht mehr gebraucht werden. (M:4)

___ 5 Sofern nichts Eingreifendes geschieht, werden bundes-
       deutsche Frauen die ahnungslosesten bleiben. (M:43)

___ 6 Unterstützt werden die westdeutschen Monopolherren durch
       ausländische, vor allem amerikanische Monopolherren sowie
       durch die Militaristen. [§8.1.2.5] (M:72)

___ 7 Wo die Werktätigen herrschen, gibt es keine Ausbeutung
       der Menschen mehr durch kapitalistische Monopole und
       Konzerne, werden keine Völker mehr durch Kriege bedroht.
       (M:91)

___ 8 Das Zusammenleben von Pflanzen und Tieren in der Natur
       wurde lange Zeit als etwas Selbstverständliches ange-
       sehen. (B:1)

___ 9 In jüngerer Zeit aber wurde deutlich, daß die Kenntnis
       der Ursachen dieses Zusammenlebens wesentlich zum rich-
       tigen Verständnis der lebenden Natur beiträgt. (B:5)

___10 Mein besonderes Interesse gilt trächtigen Hündinnen, die
       der freudigen Geburt zukünftiger Steuerzahler entgegen-
       sehen: ich beobachte sie, merke mir genau den Tag des
       Wurfes und überwache, wohin die Jungen gebracht werden.
       (L:14)

___11 So wird man begreifen, daß ich sonntags einen ausgie-
       bigen Spaziergang mit Frau und Kindern und Pluto zu
       schätzen weiß. (L:45)

___12 Ich bin verloren, und manche werden mich für einen Zyni-
ker halten, aber wie soll ich es nicht werden, da ich
dauernd mit Hunden zu tun habe... (L:77)

B Underline all genitive noun phrases in the following sentences
and mark each one singular (S) or plural (P). [§1.4 + §4.1-7]

1 Heute ist die Untersuchung des Zusammenlebens von Organismen
ein wichtiges Fachgebiet der Biologie. (B:8)

2 Die Ökologie untersucht die Lebensäußerungen der Organismen
an ihrem Standort. (B:12)

3 In diesem Abschnitt der Lebensgemeinschaft „Teich" finden
wir bestimmte Pflanzen- und Tierarten, die unter entsprechen-
den Umweltbedingungen in jedem Teich auftreten können.(B:44)

4 Gleiches gilt für das Pflanzen- und Tierleben der übrigen
Bereiche. (B:47)

5 Revidiert hat die Untersuchung die Gründe für die Sonderstel-
lung der Frau im Beruf nicht, sie hat sie vielmehr bestätigt.
[§8.1.2.5] (M:33)

6 Ihre bescheidene Stellung und dürftigen Einkünfte sind zum
Teil auch Funktionen des niedrigen Lebensalters und der ver-
gleichsweise kurzen Betriebszugehörigkeit. (M:35)

7 Die Tabelle gibt uns einen Einblick in die großen Fortschrit-
te der drei Naturwissenschaften. (P:1)

8 Wir bemerken, daß gerade hundert Jahre zwischen der Entdek-
kung des Gesetzes von der Erhaltung der Masse bei chemischen
Reaktionen und der Entdeckung des natürlichen radioaktiven
Zerfalls liegen. [§19.2.1] (P:2)

9 Hier fand Bohr durch die Anwendung der gefundenen Quanten-
theorie eine neue Deutung. (P:35)

10 Als friedlicher Spaziergänger getarnt, rundlich und klein,
eine Zigarre mittlerer Preislage im Mund, gehe ich durch
Parks und stille Straßen. (L:5)

11 Ich spüre es, wenn ein Köter reinen Gewissens an einem Baum
steht und sich erleichtert. (L:13)

12 Ich habe Hunde gern, und so befinde ich mich dauernd im
Zustand der Gewissensqual. (L:21)

Name_____Datum_____

A Give the infinitive for each of the following verbs. Indicate
  reflexive usage by giving **sich** with the infinitive.

  1 lasse (8) _____   6 ginge (65) _____

  2 gilt (14) _____   7 begeben (73) _____

  3 befinde (21) _____   8 drischt (75) _____

  4 lauere (39) _____   9 verloren (77) _____

  5 veranlaßt (57) _____
    [§19.1]

B Read §9.5. Some of the verbs in the following list have separable components, some do not. Indicate where the stress falls
  by underlining the stressed syllable.

  1 <u>vor</u>nehmen (3)   3 zudrücke (26)   5 stehenbleibt (52)

  2 durchwandere (4)   4 vermute (38)   6 wachzurufen (57)

  The prefixes **be-** and **ver-** are often used to make verbs out of
  nouns or adjectives. These derivative verbs retain the stress
  of the root word. Examples:
       <u>Ein</u>fluß / bee<u>in</u>flussen   <u>ein</u>fach / ver<u>ein</u>fachen
  Mark the stress in the following derivatives of nouns:

  1 beobachte (16)   2 beunruhigt (56)   3 veranlaßt (57)

   (<u>O</u>bacht)   (<u>Un</u>ruhe)   (<u>An</u>laß)

C Note the following construction which recurs in the story:

              hätte ... + infinitive + sollen.

      Vielleicht hätte ich einen anderen Beruf erwählen sollen. (20)
        Perhaps I should have chosen another line of work.
      Vielleicht hätte ich Pluto anmelden sollen. (60)
      Vielleicht hätte ich einen anderen Beruf ergreifen sollen. (61)

  A related construction also occurs:

              sollte ... + infinitive.

      Vielleicht sollte ich vorsichtiger sein.
      Perhaps I should be more careful.

  Practice using these constructions by making new sentences,
  using vocabulary provided by the story.

  1 Manchmal siegt die Liebe.
      Perhaps love should triumph.

      Vielleicht sollte die Liebe siegen.
  _____

      Perhaps love should have triumphed.

      Vielleicht hätte die Liebe siegen sollen.
  _____

2 Ich lasse mich nicht mit ihnen in ein Gespräch ein.
   Perhaps I shouldn't get involved in a conversation with
       them.

   Perhaps I shouldn't have gotten involved in a conversation
       with them.

----

3 Nur muß ich in Zukunft einen anderen Weg bei unseren Spa-
   ziergängen wählen.
   Perhaps I should choose another path in future.

   Perhaps I should have chosen another path.

----

4 In leichtem Plauderton hat meine Frau dem Chef berichtet,
   daß wir das Tier schon drei Jahre besitzen.
   My wife shouldn't tell the boss that we've already had the
       beast for three years.

   My wife shouldn't have told the boss that. (Das hätte...)

D In the three poems by Heine, recognition of the antecedent of
   each pronoun is essential to understanding. Notice, however,
   that Heine departs from the noun's grammatical gender in the
   case of "das Mädchen: die, sie, ihr," etc. This is common
   practice with the two neuter nouns "Mädchen, Fräulein."

   Give the antecedent of each of the following pronouns and
   pronoun-like phrases.

   1 einen anderen (2) _____

   2 dieser (4) _____   6 sie (26) _____

   3 sie (10) _____   7 ihm (27) _____

   4 ihn (16) _____   8 sie (27) _____

   5 er (26) _____

Bislang glaubte ich, Mörder müsse man an ihren Händen erkennen, Massenmörder dagegen an ihren Augen. Ich weiß nicht, warum ich das glaubte, wahrscheinlich hatte sich aus den Kindertagen diese Annahme in mir festgesetzt.

5 Mein Nachbar hatte die schönsten Augen, die ich je sah, und meine Frau, die gern in Bildern spricht, nannte seine Augen weinende Aquamarine; seine Hände waren so schmal und wohlgepflegt, daß sie Frauenhänden glichen.

Dann wurde mein Nachbar verhaftet. Meine Frau und ich
10 sahen an einem Sonntagvormittag zwei grüne Autos vorfahren. Uniformierte und Zivilisten führten meinen Nachbarn aus dem Haus in einen der grünen Wagen. Das ganze Stadtviertel wußte am Abend davon.

Am Montag darauf lasen wir in der Zeitung, der Verhaftete
15 werde beschuldigt, an der Ermordung von 200 Geiseln in einem mährischen Dorf im Jahre einundvierzig beteiligt gewesen zu sein.

„Nein", sagte meine Frau. „Nein, nie! Nicht dieser Mann!"
20 Ich wollte es auch nicht glauben. Ich war sprachlos geworden und beschimpfte stumm die Zeitungsleute als Schmutzfinken. Dieser Mann? Er und seine Frau spielten jede Woche einmal bei uns Doppelkopf, wir zechten und waren fröhlich und fuhren manchmal übers Wochenende vor die Stadt in den Wald.
25 Manchmal sprachen wir auch über Politik, und er konnte sich über alles maßlos erregen, was auch nur den geringsten Anruch von Gewalt hatte. Waren wir bei ihnen eingeladen, konnten wir uns aufmerksamere Gastgeber nicht wünschen.

Vor drei Jahren hatte er sich ein Auto gekauft, seitdem

1 bislang = bis jetzt
2 dagegen [§17.1.3]
4 die Annahme - *assumption*
5 je - *ever*
6 in Bildern sprechen - *speak meta-phorically*
7 schmal - *slender*
8 wohlgepflegt - *well cared for*
8 gleichen [1b] (+ *dat.*) - *resemble*
9 wurde [§10.1, 2, *or* 3?]
9 verhaften - *arrest*
10 grüne Autos: Die deutschen Polizeiwagen sind grün.
11 Uniformierte = Polizisten
11 der Zivilist [§2.4.1] - *civilian*
12 das Stadtviertel - *neighborhood*
14 darauf [§17.1.3]
14 der Verhaftete [§2.6.3] - *the arrested man*
15 werde [§10.3 + §12.3]
15 beschuldigen - *accuse*
15 der/die Geisel - *hostage*
16 mährisch - *Moravian:* Mähren ist der östliche Teil der Tschechoslowakei.

16 beteiligt sein (an + *dat.*) - *take part (in)*
21 beschimpfen - *revile*
21 stumm - *inaudibly*
21 der Schmutzfink = schmutziger Mensch (nach dem Vogel Fink, der gern in Pferdekot pickt) - *muckraker*
23 der Doppelkopf: ein Kartenspiel
23 zechen = Alkohol trinken
24 übers Wochenende [§1.2.3]
24 vor die Stadt fahren - *drive out beyond the city limits*
26 der geringste Anruch - *the slightest taint*
27 die Gewalt - *force, violence*
27 Waren wir... [§11.4 + §11.1]
28 aufmerksam - *attentive*
28 der Gastgeber [§3.4] - *host*
29 seitdem: *This word can be used either as an adverb: since that time, or as a subordinating conjunction: since. What is the clue to its usage here?*

30 nahm er mich in die Stadt zur Arbeit mit, morgens und abends
fuhr er einen Umweg von einem Kilometer durch eine der be-
lebtesten Straßen der Stadt, nur damit ich nicht der Unannehmlichkeit ausgesetzt war, mit der Straßenbahn zu fahren.
Ich hätte morgens eine halbe Stunde früher aufstehen müssen,
35 abends wäre ich eine Stunde später nach Hause gekommen.
 Und dieser Mann mit den Augen wie weinende Aquamarine
sollte nun ein Massenmörder sein?
 „Aber", sagte meine Frau hilflos, „er lebte doch nicht
unter falschem Namen. Er lebte wie wir, er hat gearbeitet,
40 schwer geschuftet für seine Familie. Er war doch ein her-
zensguter Mann. Und hast du mal gehört, wie er mit seinen
Kindern sprach? Spricht so ein Mann, der so sein soll, wie
es jetzt in der Zeitung steht? Nein, nein. So könntest du
mit unseren Kindern nie sprechen. Er vergötterte seine
45 Kinder."
 Eine Antwort konnte ich ihr nicht geben, ich dachte all
die Tage hindurch nur an unser wöchentliches Doppelkopf-
spiel und an die Geiseln in dem kleinen mährischen Dorf.
Frauen sollen dabei gewesen sein und Kinder, und sie wurden
50 von Maschinengewehren so kunstgerecht umgemäht, daß sie sofort in die lange, von ihnen selbst ausgehobene Grube fielen.
Das soll die Erfindung meines Nachbarn gewesen sein; er habe
damals, so hieß es, sogar einen Orden dafür bekommen.
 „Mein Gott", sagte meine Frau immer wieder, „mein Gott!
55 Die Frau und die Kinder. Mein Gott, die Kinder, die Kinder!"
 „Dort in Mähren sollen auch Kinder dabei gewesen sein",
sagte ich heftiger, als ich wollte.
 „Vielleicht lügen die Zeitungen", sagte sie später, „und
alles ist nur Erfindung oder eine Namensverwechselung. Er
60 hat doch frei unter uns gelebt, er hätte doch untertauchen
können, ja, wie so viele verschwinden, daß ihn keiner findet."

---

31 der Umweg - *detour*

31 belebt - *busy*

32 damit [§18.3]: *Which usage?*

32 die Unannehmlichkeit - *inconvenience*

33 ausgesetzt sein (+ dat.) - *be subjected to*

34 hätte...müssen - *would have had to*

37 sollte - *was supposed to*

37 der Massenmörder - *mass murderer*

38 doch: *In the middle, unaccented part of a clause, doch is an expression of attitude. It expresses the speaker's confidence that he has all the necessary information to assert a correct opinion. This self-confidence may involve contradicting something said or suggested by someone else; or it may be aimed at overruling an anticipated contradiction.*

40 schuften = schwer arbeiten

42 so - *that way, thus*

42 der so sein soll, wie... - *who is supposed to be the way...*

44 vergöttern - *idolize*

46 all die Tage hindurch [§15]

50 um·mähen - *mow down*

51 in die...Grube [§14.1.4] = in die lange Grube, die von ihnen (den Geiseln) selbst ausgehoben worden war: die Grube ausheben - *dig the trench*

52 soll...gewesen sein - *is said to have been*

52 die Erfindung - *invention*

52 er habe..., so hieß es, - *he had, it was said,*

53 der Orden - *military award*

57 heftig - *vehement*

58 lügen - *lie*

60 unter·tauchen - *go underground*

61 keiner = kein Mensch, niemand

Ich sah an den Samstagen, wenn ich zu Hause war, unsere Nachbarin ihre Kinder zur Schule bringen, zum Schutz, denn
65 die anderen Kinder in unserer Straße riefen die ihren Mörderkinder.

„Wir sollten sie besuchen", sagte an einem Abend meine Frau. „Wir waren nicht mehr bei ihr, seit ihr Mann verhaftet ist."
70 „Bist du verrückt? Das können wir nicht. Denk an meine Stellung! Wenn uns jemand sieht, dann heißt es womöglich noch, wir hätten davon gewußt, und wir werden auch vor Gericht gezerrt."

„Aber", rief meine Frau, und die Tränen schossen ihr in
75 die Augen, „die Frau kann nichts dafür. Und dann: die Kinder, die Kinder."

„Vielleicht hat die Frau alles gewußt", rief ich ungehalten.

„Na und? Soll sie hingehen und ihren eigenen Mann an-
80 zeigen? Würdest du mich anzeigen? Würde ich dich anzeigen? Sag schon, so sag schon! Du stellst dir alles so leicht vor."

„Mord bleibt Mord", sagte ich. Am nächsten Morgen ging ich an den Kindern des Verhafteten vorbei, als hätte ich sie
85 nie gesehen. Sie riefen hinter mir her: „Onkel Karl, Onkel Karl."

Dann kam der Prozeß, und das Ausmaß des Verbrechens war noch schrecklicher, als wir geglaubt hatten. Es stellte sich heraus, daß die Frau, zumindest in groben Zügen, von der Ver-
90 gangenheit ihres Mannes wußte. Sie konnte ihre Aussage verweigern, aber sie sagte aus. Am Ende ihrer Aussage fragte sie der Richter, warum sie all die Jahre geschwiegen habe. Sie weinte, als sie sagte: „Was sollte ich denn tun? Was nur? Was? Er ist doch..."
95 Aus den Zeitungen erfuhren wir das alles, obwohl das Gerichtsgebäude nur tausend Meter von unserer Wohnung entfernt lag.

„So, da hast du nun die ganze Wahrheit", sagte ich zu meiner Frau nach dem Urteil, „fünfzehn Jahre Zuchthaus."

---

65 die ihren = ihre Kinder
67 sollten - *ought to, should*
68 seit = seitdem (29): *Adverb or conjunction?*
71 die Stellung - *position*
71 es heißt - *it will be said*
71 womöglich = vielleicht
72 werden [§10.1, 2, *or* 3?]
72 vor Gericht zerren - *drag into court*
74 die Tränen schießen ihr in die Augen - *her eyes fill with tears*
75 kann nichts dafür = hat keine Schuld daran
77 ungehalten = ärgerlich
79 Na und? = Und wenn sie auch alles gewußt hat —— ist das so schlimm?

79 an.zeigen - *turn in, report (to the police)*
81 sich (etwas) vor•stellen - *imagine (something)*
84 als hätte [§18.1.2]
87 der Prozeß - *trial*
87 das Ausmaß - *magnitude*
88 sich heraus•stellen - *come to light*
89 in groben Zügen - *in broad outlines*
90 die Aussage - *testimony*
90 verweigern - *refuse*
91 fragte sie der Richter: *Subject of the clause?*
99 das Urteil - *sentence*
99 das Zuchthaus - *penitentiary*

100   „Die ganze Wahrheit?" fragte sie leise.
     „Die ganze Wahrheit", schrie ich ihr ins Gesicht.
     „Und die Kinder?" fragte sie, und dann nach einer Weile:
„Wenn du nun aber dieser Mann wärst?"
     „Ich bin aber nicht dieser Mann, verstehst du? Ich bin
105 nicht dieser Mann. Ich bin es nicht."
     „Nein, du nicht. Du hast damals Glück gehabt, damals in
den Jahren."
     „Du bist verrückt! Glück. Wenn ich das schon höre. Man
brauchte so etwas nicht zu tun, man konnte sich weigern."
     „Weißt du das so genau?" fragte sie.
     „Ja, das weiß ich genau."
     „Und hast du dich geweigert?" bohrte sie weiter.
     Ich war erstaunt. „Ich? Mich geweigert? Nein, wieso?
Ich bin doch nie in die Lage gekommen. Nein, das blieb mir
115 erspart. Ja, wie soll ich das sagen?"
     „Ich sagte doch, du hast Glück gehabt, du bist nie in die
Lage gekommen. Und du hättest dich natürlich geweigert."
     „Natürlich hätte ich!" rief ich aufgebracht.
     Sie sah mich lange an, dann sagte sie: „Manchmal hast du
120 auch Augen wie er, aber nur manchmal."
     „Sei vernünftig! Es geht hier um die Wahrheit und um die
Gerechtigkeit. Wo kämen wir hin, wenn..."
     „Oder um Rache? Nicht wahr? Wird ein anderer abgeur-
teilt, beruhigt das euer Gewissen. Geht es nicht auch um
125 die Kinder? Ja, mein Lieber, auch um die Kinder."
     Dann trug sie das Abendessen auf.
     Die Kinder des Verurteilten riefen nun nicht mehr Onkel
Karl hinter mir her, sie versteckten sich, wenn sie mich
kommen sahen, und das war schlimmer, als wenn sie gerufen
130 hätten.
     Am dritten Samstag nach dem Urteil kam meine Frau in das
Wohnzimmer, meine drei Kinder ebenfalls, und sie hatten
Päckchen in den Händen, meine Frau Blumen. Ich wollte mich
zu einem Mittagsschlaf hinlegen und ärgerte mich über die
135 Störung.
     „Geht ihr aus?" fragte ich. „Wo wollt ihr so früh schon
hin?"
     „Hinüber", sagte sie. „Zu ihr und den Kindern."
     „Was?" Ich war bestürzt und zornig. „Wenn du schon
140 hinüber willst, dann warte, bis es Nacht ist."
     „Nein", sagte sie, „dann sieht mich doch keiner."

                — Max von der Grün (1926-   )

---

106 in den Jahren – *in those years* (i.e. *during WWII*): *Spoken,* den *is stressed.*

109 sich weigern = erklären, daß man etwas nicht tun will

112 bohren – *drill; insist*

113 wieso? – *what do you mean?*

114 die Lage = die Situation

114 das blieb mir erspart – *I was spared that*

118 aufgebracht = zornig

121 vernünftig – *reasonable*

121 es geht um... – *...is at stake*

122 die Gerechtigkeit – *justice*

122 wo kämen wir hin? – *where would we get?*

123 wird ein... [§11.4 + §11.1 + §10.3] – *if someone else is...*

123 ab·urteilen – *condemn*

124 beruhigen – *soothe, salve*

128 verstecken – *hide*

135 die Störung – *disturbance*

139 bestürzt – *dismayed*

Hat der alte Hexenmeister
sich doch einmal wegbegeben!
Und nun sollen seine Geister
auch nach meinem Willen leben;
5 seine Wort' und Werke
merkt' ich, und den Brauch,
und mit Geistesstärke
tu' ich Wunder auch.

Walle! walle
10 manche Strecke,
daß, zum Zwecke,
Wasser fließe,
und mit reichem vollem Schwalle
zu dem Bade sich ergieße.

15 Und nun komm, du alter Besen!
Nimm die schlechten Lumpenhüllen;
bist schon lange Knecht gewesen;
nun erfülle meinen Willen!
Auf zwei Beinen stehe,
20 oben sei ein Kopf,
eile nun und gehe
mit dem Wassertopf!

Walle! walle
manche Strecke,
25 daß, zum Zwecke,
Wasser fließe,
und mit reichem vollem Schwalle
zu dem Bade sich ergieße.

Seht, er läuft zum Ufer nieder;
30 wahrlich! ist schon an dem Flusse,
und mit Blitzesschnelle wieder
ist er hier mit raschem Gusse.
Schon zum zweitenmale!
Wie das Becken schwillt!
35 Wie sich jede Schale
voll mit Wasser füllt!

Title: der Zauber – *magic, sorcery;*
    der Lehrling – *apprentice:*
    der Zauberlehrling – *sorcer-*
    er's apprentice
1 *Initial verb +* doch *expresses*
   semi-incredulous surprise.
1 der Hexenmeister – *sorcerer (*die
   Hexe – *witch)*
2 sich weg•begeben = fort•gehen
3 der Geist – *spirit*
6 der Brauch – *custom; method*
8 das Wunder – *miracle* [§3.4]
9 wallen – *travel, go*
12 fließe...ergieße: *Subjunctive I*
   [§7.6.1], *expressing a desired*
   result

13 der Schwall – *torrent, rush of*
   water
16 Lumpenhüllen *(pl.)* – *ragged*
   wraps (work clothes)
17 der Knecht – *servant*
20 sei – *let there be* [Subjunctive I:
   command]
29 er: *Antecedent?*
29 das Ufer – *(river) bank*
31 die Blitzesschnelle – *speed of*
   lightning
32 der Guß [§19.1] – *pouring out*
34 das Becken – *basin*
34 schwellen [2e] – *fill up*
35 die Schale = das Becken (34)

Stehe! stehe!
Denn wir haben
deiner Gaben
40   vollgemessen! ——
Ach, ich merk' es! Wehe! wehe!
Hab' ich doch das Wort vergessen!

Ach das Wort, worauf am Ende
er das wird, was er gewesen.
45 Ach, er läuft und bringt behende!
Wärst du doch der alte Besen!
Immer neue Güsse
bringt er schnell herein,
ach! und hundert Flüsse
50 stürzen auf mich ein.

Nein, nicht länger
kann ich's lassen;
will ihn fassen.
Das ist Tücke!
55   Ach! nun wird mir immer bänger!
Welche Miene! welche Blicke!

O, du Ausgeburt der Hölle!
Soll das ganze Haus ersaufen?
Seh' ich über jede Schwelle
60 doch schon Wasserströme laufen.
Ein verruchter Besen,
der nicht hören will!
Stock, der du gewesen,
steh doch wieder still!

65   Willst's am Ende
gar nicht lassen?
Will dich fassen,
will dich halten,
und das alte Holz behende
70   mit dem scharfen Beile spalten.

Seht, da kommt er schleppend wieder!
Wie ich mich nur auf dich werfe,

37 Stehe! = Stehe still! Hör auf!
39 die Gabe - *gift*
40 vollgemessen *(genitive)* = genug
43 worauf - *whereupon*
44 er: *Antecedent?*
44 gewesen = gewesen war
45 behende - *nimbly, briskly*
46 Wärst du doch... [§11.2, §11.4] -
If only you were...
50 stürzen - *plunge*
50 auf mich ein [§15] - *in upon me*
52 lassen [7a] - *permit*
54 die Tücke - *malice; dirty trick*
55 bänger [§4.8.2]: bang - *scared*
56 die Miene - *facial expression*

56 der Blick - *look* (Miene, Blicke:
*attributes of the broom as seen
by the terrified apprentice*)
57 die Ausgeburt - *monstrous off-
spring*
57 die Hölle - *hell*
58 ersaufen [2g] - *drown*
59 die Schwelle - *threshold*
61 verrucht - *wicked*
62 hören = gehorchen - *obey*
63 der Stock - *stick*
63 gewesen = gewesen bist
65 am Ende - *at last; ever*
66 lassen [7a] - *stop*
70 das Beil - *axe*
70 spalten - *split*
71 schleppen - *haul*

> gleich, o Kobold, liegst du nieder;
> krachend trifft die glatte Schärfe.
> 75 Wahrlich! brav getroffen!
> Seht, er ist entzwei!
> Und nun kann ich hoffen,
> und ich atme frei!
>
>   Wehe! wehe!
> 80 Beide Teile
> stehn in Eile
> schon als Knechte
> völlig fertig in die Höhe!
> Helft mir, ach! ihr hohen Mächte!
>
> 85 Und sie laufen! Naß und nässer
> wird's im Saal und auf den Stufen.
> Welch entsetzliches Gewässer!
> Herr und Meister! hör' mich rufen! —
> Ach da kommt der Meister!
> 90 Herr, die Not ist groß!
> Die ich rief, die Geister,
> werd' ich nun nicht los.
>
>   „In die Ecke,
> Besen! Besen!
> 95 Seid's gewesen.
> Denn als Geister
> ruft euch nur, zu seinem Zwecke,
> erst hervor der alte Meister."

        — Johann Wolfgang von Goethe
             (1749-1832)

73 der Kobold - *in Germanic folklore: a helpful but sometimes mischievous household spirit*

74 krachen - *crack*

74 treffen [5a] - *hit the mark, strike*

74 die Schärfe - *sharp edge*

78 frei atmen - *draw a breath of relief*

81 stehen...in die Höhe = stehen... auf

82 als [§18.1.5]

82 der Knecht (17)

84 die hohen Mächte - *the spirits from on high*

86 der Saal - *hall*

87 entsetzlich - *terrible*

87 das Gewässer: *collective noun, derived from* Wasser

90 die Not - *need, emergency*

92 los·werden [§6.2.2] - *get rid of*

96 als [§18.1.5]

QUESTIONS ON THE TEXT

Kinder sind immer Erben

What had the narrator always assumed about murderers and mass-murderers?

What kind of eyes and hands did his neighbor have?

What happened to his neighbor?

When did this happen?

How was it carried out?

What was his neighbor accused of?

How did the narrator and his wife find out about it?

What were the reactions of the narrator and his wife?

Why were they so astonished?

What were the neighbor's political views?

What had been the personal relations between the families?

What special kindness had the neighbor shown the narrator?

What does the narrator's wife point out about the neighbor's family life?

What kind of contrasts keep going through the narrator's mind?

What is perhaps the most horrifying aspect of the story in the narrator's opinion?

How are other families in the neighborhood treating the accused man's family?

What does the wife suggest they do?

Why does the husband refuse?

What does the narrator's wife assume no wife would do to her husband?

What does the narrator do the next day?

What does the trial reveal?

What is the wife's testimony?

Would she have had to testify?

What is the sentence?

How does the narrator's wife compare her husband's situation with that of the former neighbor?

What is the narrator's response to that comparison?

What does the wife finally decide to do?

How does her husband react?

Why doesn't she want to do this at night?

What does the title of this story mean?

Was für ein Mensch war der Nachbar des Erzählers?

Warum konnte der Erzähler gar nicht glauben, daß der Nachbar ein Verbrecher war?

Wie und wann wurde der Nachbar verhaftet?

Hatten die Familien einander gekannt?

Waren sie zueinander freundlich gewesen?

Was für Verhältnisse hatten sie zueinander gehabt?

Wie hatte der Nachbar seine Freundlichkeit besonders klar gezeigt?

Was soll der Nachbar im Krieg getan haben?

Was war dabei die Erfindung des Nachbars gewesen?

Was hatte er damals dafür bekommen?

Wie reagiert die Frau des Erzählers darauf?

An wen denkt sie immer wieder?

Wie reagiert aber der Erzähler?

Was kommt während des Prozesses heraus?

Was hatte die Frau all die Jahre gewußt?

Warum hatte sie nichts davon gesagt?

Was ist das Urteil?

War der Erzähler während des Krieges auch Soldat gewesen?

Hatte er auch an solchen Verbrechen teilgenommen?

Warum nicht? — Was sagt er dazu, was sagt seine Frau?

Was macht die Frau am Ende?

Warum will sie das machen?

Wie reagiert ihr Mann darauf?

Der Zauberlehrling

Why does the apprentice decide to call up the spirits to do his will?

Why does he think he can call them up?

What is the magic formula?

What instrument carries out the commands?

Does this instrument change form in any way?

What command is the instrument supposed to carry out?

How does it do it?

With what result?

What does the apprentice call the spirit?

What is happening in the house?

What extreme measure does the apprentice resort to?

With what result?

What does the apprentice try to do now?

Why can't he do it?

What would the word (= the formula) accomplish?

How does the apprentice try to stop the process?

How is he saved?

WORDS AND WORD FAMILIES

als [§18.1.3] (57, 88, 129)
aus·sagen (91)
    die Aussage -n (90, 91)
dabei sein [§6.2.2] (49, 56)
da- [§17.1.1]:
    dafür (53)
    davon (13, 72)
da- [§17.1.3]:
    dagegen (2)
    damit (32)
    darauf (14)
damals (53, 106)
doch *(See footnote to line 38)*
    (38, 40, 60, 94, 116, 141)
das Dorf/Dörfer (16, 48)
ein·laden [6a] (27)
die Erfindung -en (52, 59)
gehen [§6.2.2]: es geht um (+ *acc.*)
    (121, 124)
die Geisel -n (15, 48)
das Gericht -e (72)
    das Gerichtsgebäude - (96)
    der Richter - (92)
gleichen [1b] (8)
Glück haben (106, 108, 116)
heißen [7d]: es heißt (53, 71)
die Lage -n (114, 117)

lesen [4b] (14)
manchmal (24, 119, 120)
das Maß -e - *measure, size*
    das Ausmaß (87)
    maßlos (26)
der Mord -e (83)
    der Mörder (1)
    der Massenmörder - (2, 37)
    das Mörderkind -er (65)
    die Ermordung -en (15)
seitdem (29)
    seit (68)
sollen [§7.8.2.5]:- *be said to, be*
    alleged to (37, 42, 49, 52, 56);
    be supposed to, be obliged to
    (67, 79, 93, 115)
das Urteil -e (99, 131)
    ab·urteilen (123)
    der Verurteilte -n (127)
das Verbrechen - (87)
verhaften (9, 68)
    der Verhaftete [§2.6.3] (14, 84)
verrückt (70, 108)
sich weigern (109, 112, 113, 117)
    verweigern (90)
die Zeitung -en (14, 58, 95)
    Zeitungsleute (pl.) (21)

Übung A

Name ———————————————————————— Datum ——————————

A Some of the following sentences contain extended adjective constructions, some do not. Examine each one and underline the
noun which the s p a c e d modifier modifies. [§14.2 and page
92 of the Einführung]

1 Mendel führte s e i n e ersten und grundlegenden <u>Versuche</u> mit
Erbsen durch. (B:27)

2 D i e in den Kesselhäusern von Turbinenanlagen durch Verbren-
nen von Kohle gewonnene Wärmeenergie wird in den Turbinen in
mechanische Energie umgewandelt. (P:2)

3 Die Geiseln wurden von Maschinengewehren so kunstgerecht umgemäht, daß sie sofort in d i e lange, von ihnen selbst ausgehobene Grube fielen. (L:49)

4 D i e folgenden Grundbegriffe der Vererbungsforschung muß man
zum Erkennen der Gesetzmäßigkeiten beherrschen. (B:30)

5 In e i n e m mit Wasser gefüllten Kalorimeter wird ein mecha-
nisches Rührwerk mit Hilfe von zwei absinkenden Gewichts-
stücken in Umdrehung versetzt. (P:30)

6 Werden z w e i reinerbige, in bezug auf ein oder mehrere
Merkmalspaare unterschiedliche Organismen gekreuzt, so sind
bei gleichen äußeren Bedingungen die Nachkommen in der F_1-
Generation einheitlich im Phänotypus gestaltet. (B:98)

7 Durch w e i t e r e , immer genauer durchgeführte Versuche wurde
die gefundene Tatsache bestätigt. (P:51)

8 Wenn man heute von ‚deutscher Emigration' spricht, denkt man
zunächst nicht an d i e unzähligen aus rassischen oder po-
litischen Gründen zur Auswanderung Gezwungenen, sondern an
die Künstler, Universitätsprofessoren und Politiker, die im
Ausland das Bild eines anderen, besseren Deutschland zu be-
wahren wußten. (M:11)

9 Manchmal sprachen wir auch über Politik, und er konnte sich
über alles maßlos erregen, was auch nur d e n geringsten
Anruch von Gewalt hatte. (L:25)

10 D i e im Zellkern liegenden Erbanlagen werden als Genotypus
bezeichnet. (B:57)

B Each of the following sentences has conditional inversion [§11.4].
Rewrite each one, using the conjunction **wenn**.

1 Wird ein fahrender Zug gebremst, so werden dadurch die Brems-
klötze und die Räder heiß. (P:6)

_____ Wenn ein fahrender Zug gebremst wird, so werden dadurch die Brems- _____

_____ klötze und die Räder heiß. _____

2 Werden zwei reinerbige, in bezug auf ein oder mehrere Merkmalspaare unterschiedliche Organismen gekreuzt, so sind bei gleichen äußeren Bedingungen die Nachkommen in der F_1-Generation
einheitlich im Phänotypus gestaltet. (B:98)

_____

_____

_____

_____

_____

3 Bildet man die Summe von mechanischer Energie und Wärmeenergie,
so ist diese Energiemenge ebenso groß wie die aufgewandte
elektrische Energie. (P:77)

_____

_____

_____

4 Waren wir bei ihnen eingeladen, konnten wir uns aufmerksamere
Gastgeber nicht wünschen. (L:27)

_____

_____

5 Wiederholt man den Vorgang mehrere Male nacheinander, so tritt
eine gut meßbare Temperaturerhöhung ein. (P:37)

_____

_____

Name _____ Datum _____

A Study the series of sentences from your reading which illustrate modal auxiliaries and some of their usages, then translate the sentences below into German.

Example sentences:

1 Ich hätte morgens eine Stunde früher aufstehen müssen. (34)
I would have had to get up an hour earlier in the morning.

2 So könntest du mit unseren Kindern nicht sprechen. (43)
You wouldn't be able to speak that way with our children.

3 Eine Antwort konnte ich ihr nicht geben. (46)
I couldn't give her an answer.

4 Er hätte doch untertauchen können. (60)
He could, after all, have gone underground.

5 Sie konnte ihre Aussage verweigern. (90)
She could refuse to testify.

6 Frauen sollen dabei gewesen sein. (49)
Women are alleged to have been there.

7 Das soll die Erfindung meines Nachbarn gewesen sein. (52)
That is alleged to have been my neighbor's invention.

8 Wir sollten sie besuchen. (67)
We should visit them.

9 Soll sie hingehen und ihren Mann anzeigen? (79)
Is she supposed to go there (to the police) and turn in her husband?

10 Was sollte ich denn tun? (93)
What in the world was I supposed to do?

Sentences to translate into German:

1 I wouldn't be able to give her an answer.

____Eine Antwort_____

2 I couldn't have given her an answer.

____Eine Antwort_____

3 She could have refused to testify.

_____

4 We are alleged to have visited them. [§7.4.1]

_____

5 She is alleged to have turned in her husband.

_____

6 She should have turned in her neighbor. [Unit 3, Übung B]

----

7 She is alleged to have refused to testify.

----

8 She should have refused to testify.

----

9 I had to get up an hour earlier in the morning.

----

10 I would have to get up an hour earlier in the morning.

B Answer the questions from the footnotes:

  1 **wurde** (9): §10.1, 2, or 3? _____

  2 Is **seitdem** (29) an adverb or a subordinating conjunction?

  _____ What is the grammatical signal? _____

  3 Which usage is **damit** (32)? _____

  4 Which usage is **seit** (68)? _____

  5 Which usage is **werden** (72)? _____

Sie kamen, nach einigem Umherblicken in dem ziemlich
großen Saal des ‚Hahnhofs' in der Münchener Leopoldstraße,
an meinen Fenstertisch und baten, Platz nehmen zu dürfen.
Ich, einen Bissen Ochsenfleisch im Mund, nickte bejahend
5 und wies mit der Hand auf die Sitzbank mir gegenüber. Der
Mann nickte dankend zurück, die Frau ließ einen prüfenden
Blick an mir herunterrinnen. Mit einer kleinen und doch
ein bißchen zu großen Geste ließ er der Frau den Vortritt,
sie schob sich hinein, und er setzte sich neben sie. Sie
10 waren beide so zwischen vierzig und fünfzig, beide ein bißchen gestaucht und dicklich, und beide waren so gut, das
heißt: so adrett gekleidet, als das möglich ist, wenn man
im besten Warenhaus einer Großstadt einkauft oder beim
besten Schneider einer Kleinstadt arbeiten läßt; sie waren
15 vielleicht aus Kassel, vielleicht aus Siegen. Ich glaube
eher: aus Siegen. Und jedenfalls Leute, die wähnen, sich
in der fremden Großstadt anders, nämlich feiner, korrekter,
benehmen zu müssen als daheim. Die Frau trug einigen
Schmuck, und beide sahen ein bißchen aus wie Kinder, die
20 man zur Firmung gebadet, frisiert und in zwar neue, aber
zu enge Kleider gezwängt hat. Wahrscheinlich hatten sie
lange geschlafen und eben erst, kurz vor Mittag, ihre Mor-
gentoilette gemacht: kaum sichtbar umwölkte sie noch der
fade Hauch eines Badezimmers. Ich fragte mich, ob sie ver-
25 heiratet seien. Er war, für meine Begriffe, um eine Spur
zu höflich zu ihr, um für verheiratet gelten zu können,

1 ziemlich - *rather*
2 der ‚Hahnhof' - *one of a fic-
tional chain of restaurants*
2 die Leopoldstraße - *a street in
Munich*
3 baten: *Infinitive?*
4 das Ochsenfleisch = Rindfleisch -
beef
4 bejahen = ja sagen
7 einen Blick an jemandem herunterrinnen lassen - *look a person
over from head to foot*
8 die Geste - *gesture*
8 jemandem den Vortritt lassen -
let someone go ahead
9 schob: *Infinitive?*
10 ein bißchen gestaucht und dicklich - *a bit stubby and plump*
12 so ... als - *as ... as*
12 adrett - *fashionably*
13 das Warenhaus - *department store
(Not warehouse)*
14 der Schneider - *tailor*
14 (etwas) arbeiten lassen - *have
(something) made*
15 Kassel: *a city of somewhat more
than 200,000, not a metropolis,
but cosmopolitan*

15 Siegen: a Kreisstadt, *that is,
something like a county seat, a
city of about 50,000, much more
provincial than Kassel*
16 eher - *rather*
16 wähnen = glauben, fälschlich
annehmen
17 nämlich - *namely*
18 sich benehmen [5c] - *behave, con-
duct oneself*
18 daheim = zu Hause
19 der Schmuck - *jewelry*
20 die Firmung - *confirmation*
20 frisiert - *with a new hair-do*
21 eng - *tight, close-fitting*
21 zwängen - *force*
22 eben erst - *just now*
23 kaum sichtbar - *scarcely visible*
23 umwölken - *envelop*
24 fad - *insipid*
24 der Hauch - *whiff*
25 seien [§12.1.3 + §12.3]
25 für meine Begriffe - *for my taste*
25 um [§18.7.3]
26 um [§18.7.5]
26 gelten für - *be regarded as*

ich meine: verheiratet mit ihr; aber möglicherweise benahm
er sich so, weil sie jetzt nicht zu Hause waren, sondern
in einer fremden Stadt und vielleicht auf Urlaub, oder
30 vielleicht bei einem Kongreß; oder einfach nur deshalb,
weil er ziemlich klein und jedenfalls um keinen Zentimeter
größer als sie war, und kleine Männer sind zwar nicht höf-
licher als die großen, aber sie wirken doch so, weil sie
immer aufblicken müssen, während die großen herunterschaun
35 können. Dafür, daß sie verheiratet waren, und zwar mit-
einander, sprach aber die Art, in der sie gekleidet waren:
keineswegs gleich, aber völlig gleichartig in Bezug auf
die Mode, auf Substanz und Qualität des Stoffes, auf dessen
Verarbeitung: solid bürgerlich mit der Verspätung von etwa
40 zwei Jahren. Inzwischen kam die Kellnerin, und der Mann
bestellte — sie mußten das vorher schon verabredet haben —
zwei Mal Metzelsuppe; das ist eine Spezialität in jedem
‚Hahnhof', doch nur an bestimmten Tagen auf der Karte.
Ich mag diese Suppe nicht, schon des Namens wegen; doch
45 manche Leute sind ganz versessen darauf und freuen sich
die ganze Woche lang auf den einen Tag, an dem es Metzelsuppe gibt. Nun, es dauerte gar nicht lange, dann brachte
die Kellnerin die beiden Teller. Der Mann griff nach dem
Löffel und wartete, zu der Frau hinüber schielend, bis
50 die sich ans Essen machte; sie führten gleichzeitig ihre
Löffel zum Mund. Dann tauchte der Mann seinen Löffel erneut in den Teller, um weiter zu essen. Die Frau jedoch,
nachdem sie ihren Löffel aus dem Mund gezogen hatte, er-
starrte in dieser Bewegung; und hielt den Löffel noch vor
55 dem Kinn wie jemand, der eine grausliche Medizin hinunter-
schlucken muß. Ihr Gesicht, das ausgesehen hatte wie ein
Gummitier, das lange Zeit prall aufgepumpt war und dem man
dann einen Teil der Luft abgelassen hat — vermutlich
machte sie Abmagerungskuren —, ihr Gesicht also stürzte

29 der Urlaub - *vacation*
30 der Kongreß - *conference, convention, professional meeting*
30 deshalb, weil - *because*
31 um [§18.7.3]
33 sie wirken doch so - *they make
that impression*
35 dafür [§17.1.2]: sprechen für -
be evidence for
35 zwar [§18.8.1]
37 keineswegs - *not in the least*
37 gleich - *identical*
37 völlig - *completely*
37 gleichartig - *alike*
37 in Bezug auf - *with respect to*
38 der Stoff - *material*
38 dessen [§13.1.2] - *its*
39 etwa = ungefähr
41 verabreden - *agree on*
42 die Metzelsuppe [süddeutsch] =
die Wurstsuppe
44 des Namens wegen - *on account of
the name:* metzeln - *slaughter,
butcher, commit mass murder*

45 versessen (auf + *acc.*) - *crazy
(about), "hooked" (on)*
47 brachte: *Infinitive?*
48 griff: *Infinitive?*
49 schielen - *(literally) be cross-
eyed; squint; (figuratively)
look at questioningly*
50 die [§13.1.2]
50 sich ans Essen [§2.5] machen =
zu essen beginnen
51 erneut = wieder
53 erstarren - *stiffen, freeze*
55 grauslich - *horrible*
57 das Gummitier - *animal-shaped
balloon*
57 prall - *taut*
58 ab·lassen [7a] - *let out*
58 vermutlich - *presumably*
59 Abmagerungskuren machen - *be on
a reducing diet*
59 ein·stürzen - *collapse*

60 jetzt, in zahllosen Falten, zum Munde hin ein, wie wenn man gedachtem Gummitier dort ein Loch gestochen hätte. Dann plötzlich ließ sie den Löffel in den Teller plumpsen und sagte gradaus vor sich hin: „Die Suppe ist nicht in Ord-nung." Sie schaute den Mann gar nicht an, doch sie sagte

65 es so, wie wenn sie entdeckt hätte, daß er sie mit dieser Suppe vergiften wollte.

Der Mann, der eben mit sichtlichem Behagen den zweiten Löffel zum Munde führte, hielt, wie abgerissen, in der Be-wegung inne, blickte kurz und schräg zu der Frau hinüber,

70 kostete vorsichtig von dem Löffel, und sagte ein bißchen ängstlich: „Du findest?"

Sie sagte: „Überhaupt nicht in Ordnung. Irgendwas dran ist nicht in Ordnung."

Der Mann sagte: „Ja", und kostete noch einmal. „Ja.

75 Ja ja. Ich glaube auch, die Suppe ist heute nicht ganz in Ordnung."

Sie sagte streng, drohend, erpresserisch: „Völlig ver-dorben."

Er schob den Löffel abermals in den Mund, bewegte den

80 Inhalt des Löffels kostend im Mund, und sagte, nachdem er die Suppe hinuntergeschluckt hatte, ganz eifrig: „Ja, du hast recht, die Suppe ist diesmal wirklich nicht ganz in Ordnung." Ich wußte jetzt, daß sie verheiratet waren und kurz zuvor einen Streit gehabt hatten. Mich interessierte

85 das alles überhaupt nicht, doch sie saßen an meinem Tisch, und ich hörte ihn sagen: „Sie schmeckt heute so nach — ich weiß nicht was."

„Sie schmeckt nach gar nichts als nach verdorben."

„Ja, wirklich." Und: „Mir tut das entsetzlich leid."

90 Sie sagte: „Es fällt mir nicht ein, diese Suppe zu essen." Er schaute erschreckt und ganz kurz zu ihr hin-über und wollte noch etwas sagen und sagte dann merklich nichts, was immer viel dümmer ist als selbst die dümmste

---

60 zum Munde hin [§15]

60 wie wenn = als ob

61 gedacht - *imagined*

61 das Loch - *hole*

61 stechen [5a] - *prick*

62 plumpsen - *plop*

63 gradaus = geradeaus = geradeheraus - *bluntly*

63 vor sich hin [§15] - *to herself*

65 wie wenn (60)

66 vergiften - *poison*

67 das Behagen - *relish*

68 inne·halten [7a] = auf·hören

68 wie abgerissen - *abruptly*

69 schräg - *(head) tilted to one side*

70 kosten - *taste*

70 vorsichtig - *cautiously*

72 überhaupt nicht = gar nicht

72 irgendwas = irgendetwas - *something*

77 streng - *sternly*

77 erpresserisch - *like an extor-tioner*

77 verderben [5a] - *spoil*

79 abermals = noch einmal (74) = wieder

80 der Inhalt - *contents*

81 eifrig - *eagerly*

82 recht haben - *be right*

84 zuvor = vorher

84 der Streit - *quarrel*

86 schmecken (nach) - *taste (of)*

88 als [§18.1.4]

90 ein·fallen [7a] (+ *dat.*): es fällt mir nicht ein = ich denke nicht daran

92 merklich - *noticeably; contrary to expectation*

Äußerung. Und sie hakte natürlich gleich ein: „Wir müssen
95 das reklamieren." Und schob ihren Teller, mit dem Löffel
darin, und damit auch den Auftrag zur Reklamation, zu ihm
hinüber, und er, wie eine von einer andern getroffene
Billardkugel reagierend, schob seinen eigenen Teller ein
bißchen zum Tischrand hin, und ich merkte ihm an, wie ums
100 Leben gern er die Suppe gegessen hätte. Sie aber sagte:
„Wir müssen das reklamieren", und deshalb schob er den
Teller noch weiter zum Tischrand. Sonst tat er nichts,
und sie befahl ihm, die Kellnerin herbeizuwinken. Er
winkte die Kellnerin herbei und beschwerte sich, er tat das
105 in ruhigem Ton und mit wirklich ganz harmlosen Worten, und
auch die Kellnerin sprach ganz ruhig und sagte, daß sie
dann also, wenn es gewünscht werde, zwei neue Teller mit
Suppe bringe. Sie nahm die Teller vom Tisch und eilte
davon, und dann kam sie zurück mit zwei anderen Tellern
110 und frischem Besteck, und der Mann und die Frau verzehrten
die Suppe, nachdem sie davon gekostet hatten, so hastig,
als das mit ihrer Würde vereinbar war; und zwischendurch
redeten sie von der anderen Suppe. Sie sagte: „Ich habe
das gleich gemerkt, beim ersten Löffel schon habe ich das
115 gemerkt", und er sagte: „Ja, man hat es sofort gemerkt,
beim ersten Löffel schon hat man es gemerkt", und sie aßen
die Teller leer und dann wollten sie zahlen, die Kellnerin
kam, und sie rechnete aber nicht zwei, sondern vier Teller
Suppe. Der Mann sagte nichts und wollte schon zahlen, und
120 spürte plötzlich, daß sich der Blick der Frau auf die Geldtasche legte, wie eine Hand; und er sagte: „Ja, aber die
Suppe — wir haben ja nur — die Suppe zuerst, die haben
wir gar nicht — die war ja nicht ganz in Ordnung", „die
war verdorben", korrigierte die Frau ihn, „die war ja ver-
125 dorben", sagte der Mann, „und deshalb haben wir sie ja gar
nicht gegessen, sondern zurückschicken müssen", es gab einen
kleinen Disput, an dem die Frau sich nicht mit Worten, sondern nur mit ihrem Blick beteiligte, der den Mann beim Genick hielt wie eine Krallenfaust. Die Kellnerin ging den
130 Geschäftsführer holen, und unterdessen sagte die Frau zu dem
Mann: „Es fällt uns ja gar nicht ein, die verdorbene Suppe
zu zahlen. Oder denkst du etwa daran, die verdorbene Suppe

94 die Äußerung - *utterance, remark*
94 ein·haken - *cut in*
95 reklamieren - *make a complaint*
97 eine...Billardkugel - *a billiard*
   ball hit by another one
99 der Tischrand - *edge of the*
   table
99 ich merkte ihm an - *I could tell*
   by looking at him
103 befehlen [5b] - *order, command*
104 sich beschweren = reklamieren (95)
105 harmlos - *inoffensive*
105 das Wort -e - *word in context*
   (Wörter - *single words in lists*)
107 gewünscht werde [§10.3.1 + §12.3]
   The waitress's own words would
   be: „Wenn es gewünscht wird,
   bringe ich zwei..."

110 das Besteck - *flatware*
110 verzehren - *devour*
112 als = wie
112 die Würde - *dignity*
112 vereinbar (mit) - *consistent*
   (with)
116 aßen: *Is the "a" short or long?*
   [§19.1]
117 leer - *empty*
127 sich beteiligen (an + *dat.*) -
   participate (in)
128 das Genick - *back of the neck*
129 die Krallenfaust - *taloned fist*
130 der Geschäftsführer - *manager*
130 unterdessen = inzwischen
132 etwa = vielleicht

zu zahlen?" Der Mann versicherte ihr, daß er nicht daran
denke, und fingerte unentwegt an seinem Portemonnaie herum.
135 Dann kam der Geschäftsführer, ein großer, stattlicher Mann
so gegen die sechzig, der das eine Bein beim Gehen nachzog,
hinter der Kellnerin an den Tisch. Der Geschäftsführer war
sehr höflich und hörte sich alles an, was der Mann erzählte,
und sagte dann: „Aber das kann gar nicht sein, denn die an-
140 deren Teller waren ja aus dem selben großen Topf, und ich
habe jetzt selber gekostet, und überhaupt hat sich sonst
niemand beschwert, das kann also gar nicht sein." Der Mann
erzählte die ganze Geschichte ein zweites Mal, und er sagte, sich zu der Frau wendend: „Beim ersten Löffel schon hat
145 meine Frau gemerkt, daß die Suppe nicht in Ordnung war, und
ich, ich habe es auch gleich gemerkt." Er hatte offenbar
gehofft, daß die Frau ihm nun beispringen werde; sie blieb
aber stumm, sie nickte nicht einmal mit dem Kopf, und drum
sagte der Mann zu dem jetzt schärfer widersprechenden Ge-
150 schäftsführer: „Dieser Herr hier", und mit einer zugleich
um Entschuldigung und um Hilfe bittenden Geste deutete er
auf mich, „dieser Herr hier hat sicherlich gesehen, daß wir
beim ersten Löffel schon gemerkt haben: nein, diese Suppe
ist nicht in Ordnung, beim ersten Löffel schon, und zu-
155 gleich." Und mit äußerster Überwindung fügte er noch hinzu:
„Und ganz unabhängig voneinander." Alle blickten mich an,
nur die Frau schaute über mich weg, und ich dachte: vielleicht war ein Haar in ihrer Suppe, oder beim Anrichten in
der Küche ist irgend etwas in ihren Teller gefallen oder
160 getropft, das kann ja passieren, und eigentlich, weil ich
den Mann nicht im Stich lassen wollte, sagte ich: „Ja, das
ist mir allerdings aufgefallen, daß die Herrschaften gleich
beim ersten Löffel schon nicht zufrieden waren." Das gab
dem Mann einen kleinen Auftrieb, und er sagte zu dem Ge-
165 schäftsführer: „Also, da sehn Sie: beim ersten Löffel
schon!" Der Geschäftsführer aber erklärte nun dezidiert,
er könne diese Reklamation nicht akzeptieren, und wieder-
holte kurz und präzis seine Gründe dafür; dabei bewegte er
seine flache Hand am gewinkelten Arme waagrecht vor seiner
170 Brust hin und her, wie eine Säge; ansonsten blieb sein

133 versichern - *assure*
134 unentwegt = unaufhörlich
134 das Portemonnaie (französisch) =
    die Geldtasche (120)
136 das Bein nach•ziehen [2a] - *limp*
    (probably a war-wound)
138 sich etwas an•hören - *listen to*
    something
146 offenbar - *apparently*
147 bei•springen [3a] = zu Hilfe
    kommen
149 widersprechen [5a] - *contradict*
150 einer: *What noun does this word*
    modify? [§14.2 + §14.1.2]
150 zugleich - *at the same time*
151 deuten (auf + *acc.*) - *call at-*
    tention (to)
152 sicherlich = gewiß

155 äußerst - *extreme*
155 die Überwindung - *self-control*
158 das Anrichten [§2.5] - *prepara-*
    tion
161 im Stich lassen [7a] - *leave in*
    the lurch
162 allerdings = gewiß, selbstver-
    ständlich
162 auf•fallen [7a] - *strike, catch*
    one's attention
162 die Herrschaften = der Herr und
    die Frau
164 der Auftrieb - *encouragement*
166 dezidiert - *emphatically*
169 gewinkelt - *bent*
169 waagrecht - *horizontally*
170 die Säge - *saw*
170 ansonsten - *otherwise*

massiger Körper völlig unbewegt. Der Mann aber preßte und
quetschte nun zum dritten Mal seine Geschichte heraus und
wandte sich immer wieder nach rechts an die Frau, die aber
noch immer nichts sagte; ihr Gesicht war aufgeplustert, wie
175 ganz voll von Worten, doch sagte sie überhaupt nichts, und
der Geschäftsführer hatte gewonnen. Er unterbrach jetzt
den Mann, mit einem letzten Ruck der sägenden flachen Hand
schnitt er ihm den Faden der Erzählung ab, und forderte die
Bezahlung aller vier Teller. Der Mann griff mit zitternden
180 Fingern nach dem Portemonnaie und sagte mit einer Stimme,
die der Knebel der Peinlichkeit am erlösenden Schreien
hinderte: „Wir haben hier schon mehrmals Metzelsuppe gegessen, und wir haben Metzelsuppe schon im ‚Hahnhof' in Düsseldorf und im ‚Hahnhof' in Frankfurt und im ‚Hahnhof' in
185 Freiburg gegessen, im ‚Hahnhof' in Köln und in Düsseldorf
und in Hannover im ‚Hahnhof', aber das ist uns noch nirgends
passiert, seit acht Jahren gehen wir überall in den ‚Hahnhof', doch heute sind wir zum letzten Mal in einem ‚Hahnhof'
gewesen, das sage ich Ihnen!" Dem Geschäftsführer war das
190 ziemlich egal, und er bedeutete der Kellnerin mit einer
Handbewegung, das Geld zu kassieren. Der Mann schaute noch
einmal zu der Frau hinüber und feuchtete sich mit der
Zungenspitze die rissig und brüchig gewordenen Lippen an
und sagte dann nur mehr: „Für eine Suppe, die man gar nicht
195 gegessen hat!", doch das sagte er mehr zu sich selber. Der
Geschäftsführer verneigte sich knapp, aber völlig korrekt
vor den beiden und auch vor mir und hinkte davon, und die
Kellnerin strich das Geld für alle vier Teller ein, und die
beiden erhoben sich, und jetzt erst, im Aufstehen, platzte
200 der bisher vernähte Mund der Frau, und sie sagte — nicht
eigentlich zu dem Mann, sondern gleichsam ins All hinein —:
„Daß du so nachgeben konntest!" Er aber, sichtlich am Ende
seiner Kräfte, spürte den Peitschenschlag ihrer Stimme
schon nicht mehr; er war vermutlich nur froh, nicht mehr
205 kämpfen zu müssen, und ließ sich willenlos abführen.

— Herbert Eisenreich (1925-   )

172 quetschen - *squeeze*
174 aufgeplustert - *puffed up*
176 unterbrechen [5a] - *interrupt*
177 der Ruck - *jerk*
178 fordern - *demand*
181 der Knebel - *gag*
181 die Peinlichkeit - *embarrassment*
181 erlösen - *relieve*
182 mehrmals = oft
186 nirgends - *nowhere*
190 egal (+ *dat.*): es ist mir egal -
    *it's all the same to me; I don't
    care*

191 kassieren - *collect*
192 feuchten - *moisten*
193 rissig und brüchig - *cracked*
196 knapp - *barely*
197 hinken - *limp*
198 ein·streichen [1b] - *scoop up*
199 platzen - *burst*
200 vernähen - *sew up*
201 ins All hinein - *to the world
    in general*
202 nach·geben [4a] - *give in*
203 der Peitschenschlag - *whip-lash*

In einem kühlen Grunde
da geht ein Mühlenrad,
mein' Liebste ist verschwunden,
die dort gewohnet hat.

5 Sie hat mir Treu' versprochen,
gab mir ein'n Ring dabei,
sie hat die Treu' gebrochen,
mein Ringlein sprang entzwei.

Ich möcht' als Spielmann reisen
10 weit in die Welt hinaus,
und singen meine Weisen,
und gehn von Haus zu Haus.

Ich möcht' als Reiter fliegen
wohl in die blut'ge Schlacht,
15 um stille Feuer liegen
im Feld bei dunkler Nacht.

Hör' ich das Mühlrad gehen:
ich weiß nicht, was ich will —
ich möcht' am liebsten sterben,
20 da wär's auf einmal still.

— Joseph von Eichendorff
(1788-1857)

1 der Grund - *vale, valley*	13 der Reiter - *cavalryman*
2 das Mühlenrad - *mill wheel*	13 fliegen [2a] - *charge*
9 der Spielmann - *minstrel*	14 die Schlacht - *battle*
11 die Weise - *melody*	17 hör' ich - *whenever I hear*
	19 am liebsten: *superlative of* gern

Es war, als hätt' der Himmel
die Erde still geküßt,
daß sie im Blütenschimmer
von ihm nun träumen müßt'.

5 Die Luft ging durch die Felder,
die Ähren wogten sacht,
es rauschten leis die Wälder,
so sternklar war die Nacht.

Und meine Seele spannte
10 weit ihre Flügel aus,
flog durch die stillen Lande,
als flöge sie nach Haus.

— Joseph von Eichendorff
(1788-1857)

3 sie: *Antecedent?*
3 der Blütenschimmer - *glimmer of blossoms*
4 ihm: *Antecedent?*
5 die Luft = ein leichter Wind
6 die Ähre - *ear of grain*

6 wogen - *wave*
6 sacht - *gently*
7 rauschen - *rustle*
9 aus·spannen - *spread*
10 der Flügel - *wing*
11 die Lande *(pl.)* - *landscapes*

QUESTIONS ON THE TEXT

Ein Bild von Mann und Frau

Where was the narrator sitting?
What did the man and woman do upon entering the restaurant?
What was the narrator doing when they approached him?
Where did they sit down?
Describe the physical appearance of the two.
Where did it look as though they bought their clothes?
Where did the narrator think they were from?
How did they seem to him to be acting?
Why did he think they were acting that way?
What did he assume at first about their marital status? On what basis?
What remark does the narrator make about the politeness of short men?
What made the narrator think they might be married after all?
How did their clothing substantiate the idea?
Is "Metzelsuppe" on the menu every day at this restaurant?
Why doesn't the narrator like it?
What did the man do after the waitress brought their soup?
What did he do after he had taken the first spoonful?
What did the woman say about the soup?
What was the man doing meanwhile?
Did he take a second spoonful of the soup?
What two things was the narrator sure he knew about the couple now?
Does the narrator portray himself as a nosy person?
What did the woman want the man to do about the soup?
What did she do with her soup plate?
What would the man have liked to do?
What did he do when the waitress came?
How did she respond?
What did the man and woman do with the second bowl of soup?
Were they happy about the bill the waitress presented them? Why?

What did the man want to do about it?
What did the woman insist that he do?
How did the waitress react?
What was the conversation between the man and the woman meanwhile?
Who was the man who now came to the table?
Describe him.
What was his reaction to the complaint about the soup?
What did he say about the second bowl they had eaten?
Who carried the burden of the complaint: the man or the woman?
How was the narrator brought into the argument?
How did he respond?
Why did he respond that way?
What was the final outcome of the argument?
What did the man threaten the manager with?
How did the manager react to the threat?
For how many bowls did the couple finally pay?
Whom did they pay?
How did the man apparently feel after the whole episode was over?

In welcher Stadt findet diese Geschichte statt?
Was ist ein „Hahnhof"?
Wer kam ins Restaurant?
Wohin setzten sie sich?
Beschreiben Sie die beiden!
Glaubte der Erzähler, daß sie in München zu Hause waren?
Was bestellten die beiden?
Wie schmeckte es dem Mann? Der Frau?
Was mußte der Mann tun?
Was brachte ihnen die Kellnerin?
Wie schmeckte diese Suppe dem Mann? Der Frau?
Aßen sie schnell oder langsam?
Was forderte die Kellnerin, als sie zahlen wollten?
Wollte der Mann zahlen, ohne sich zu beschweren?
Was sagte die Frau dazu?
Wen holte die Kellnerin?
Was sagte dieser von der Suppe, die sie gegessen hatten?
Wie viele Teller Suppe zahlte der Mann am Ende?
Was sagte die Frau dazu?

Das zerbrochene Ringlein

What is the symbol of fidelity?
What are the two possible reactions
of the man to the infidelity of
his loved one?
How does he react to the sound of
the mill wheel?

Mondnacht

Who seems to be dreaming of whom?
What is the season of the year?
What in the poem suggests this sea-
son?
What is the poet's view of nature?
How does he respond to it?

WORDS AND WORD FAMILIES

aus·sehen [4b] (19, 56)
befehlen [5b] (103)
sich benehmen [5c] (18, 27)
sich beschweren (104, 142)
bitten [4d] (3)
    bitten (um) (151)
deshalb (30, 101, 125)
doch = aber (43, 44, 85, 175, 195)
eigentlich (160, 201)
ein·fallen [7a] (+ *dat.*) (90, 131)
einige (1, 18)
fordern (178)
fremd (17, 29)
sich freuen (auf + *acc.*) (45)
gelten [5a] (für) (26)
der Geschäftsführer - (137, 149, 164)
greifen [1b] (nach) (48, 179)
hinunter·schlucken (55, 81)
hinzu·fügen (155)
höflich (26, 32, 138)
inne·halten [7a] (68)
kosten (70, 74, 80, 111, 141)
merken (114, 115, 145, 146)
    merklich (92)
    jemandem etwas an·merken (99)

die Ordnung: in Ordnung (63, 72, 73,
    75, *etc.*)
reklamieren (95, 101)
    die Reklamation -en (167)
die Säge -n (170)
    sägen (177)
schauen (157)
    an·schauen (64)
    hinüber·schauen (91, 191)
schmecken (nach) (86, 88)
sichtbar (23)
    sichtlich (67, 202)
stattlich (135)
überhaupt (+ *negative*) (72, 85,
    141, 175)
um [§18.7.3] (25, 31)
    um...zu [§18.7.5] (26, 52)
verderben [5a] (77, 88, 124, 131)
vermutlich (58, 204)
völlig (37, 77, 171, 196)
vorsichtig (70)
das Wort -e (105, 127, 175)
zahlen (117, 119, 132)
ziemlich (1, 31, 190)
zugleich (150, 154)

Name _____ Datum _____

A Indicate the case and number of each of the underlined nouns
  in the following sentences. (NS=nominative singular; NP=nomi-
  native plural; AS=accusative singular; DP=dative plural, etc.)
  [§1, §3, §4] (There are no genitives among the underlined
  nouns.)

1 Bis 1945 sprachen die Emigranten auch stellvertretend für
  jene Wissenschaftler und Künstler zur freien Welt, die in
  Deutschland selbst Widerstand leisteten oder dort von den
  Nationalsozialisten umgebracht oder in Konzentrationslager
  verschleppt worden waren. (M:1)

2 Die großen Theater boten noch glänzende Aufführungen, die
  bedeutenden Orchester spielten noch ausgezeichnet. (M:11)

3 Widerstandskämpfer kamen aus der politisch verfolgten Linken:
  aus den Kreisen der Kommunisten, der Sozialdemokraten und
  Gewerkschaftler.... (M:46)

4 Bei weiteren Versuchen mit einer F_3-Generation zeigt sich,
  daß die dominierenden Merkmale der F_2-Generation zu einem
  Drittel reinerbig und zu zwei Dritteln Hybride sind. (B:29)

5 Bei der Vererbung werden nicht Merkmale, sondern entspre-
  chende Anlagen an die Nachkommen weitergegeben. (B:47)

6 Für Tiere gelten die gleichen Gesetze wie für Pflanzen. (B:63)

7 Die Elektronen bewegen sich auf ihren Bahnen ohne Strahlung.
  (P:3)

8 Durch die Absorption eines Lichtquants wird das Elektron
  von einer inneren auf eine äußere Bahn gehoben. (P:8)

9 Nach seiner Stellung im Periodensystem hat das Natriumatom
  ein Elektron. (P:50)

10 Der Mann, der eben mit sichtlichem Behagen den zweiten Löffel
   zum Munde führte, hielt in der Bewegung inne. (L:67)

11 Sie aßen die Teller leer. (L:116)

12 Der Blick der Frau legte sich auf die Geldtasche, wie eine
   Hand. (L:120)

B The following sentences are all in the past. Rewrite them in the present.

1 Die Wissenschaftler und Künstler wurden umgebracht oder in Konzentrationslager verschleppt. (M:2)

----

2 Einige Zeitungen ließen die Leser einen anderen Text zwischen den Zeilen lesen. (M:18)

----

3 In der F_2-Generation traten neben den dominierenden auch die rezessiven Merkmale rein auf. (B:26)

----

4 Es ergab sich hier ein angenähertes Verhältnis von 3:1. (B:27)

----

5 Sommerfeld erklärte diese Tatsache dadurch, daß er neben den erlaubten Kreisbahnen des Bohrschen Modells auch erlaubte Ellipsenbahnen annahm. (P:16)

----

6 Sie schob sich hinein, und er setzte sich neben sie. (L:9)

----

7 Die Frau trug einigen Schmuck, und beide sahen ein bißchen aus wie Kinder,... (L:18)

Name _____ Datum _____

A Give the infinitives of the following verbs. Watch for separable components of compound verbs. [§9.5.1]

 1 baten (3) _____   14 wußte (83) _____

 2 wies (5) _____   15 fällt (90) _____

 3 schob (9) _____   16 hakte (94) _____

 4 trug (18) _____   17 gegessen (100) _____

 5 sahen (19) _____   18 tat (102) _____

 6 benahm (27) _____   19 befahl (103) _____

 7 mag (44) _____   20 aßen (116) _____

 8 brachte (47) _____   21 aufgefallen (162) _____

 9 gezogen (53) _____   22 gewonnen (176) _____

10 hielt (54) _____   23 unterbrach (176) _____

11 gestochen (61) _____   24 schnitt (178) _____

12 hielt (68) _____   25 strich (198) _____

13 verdorben (77) _____

B The following sentence has an extended participial construction. Underline the construction, including the modifier and the noun; then rewrite it as a noun + relative clause. [§14.1]

    ... drum sagte der Mann zu dem jetzt schärfer widersprechenden Geschäftsfährer: „Dieser Herr hier", und mit einer zugleich um Entschuldigung und um Hilfe bittenden Geste deutete er auf mich, „dieser Herr hier hat sicherlich gesehen, daß wir beim ersten Löffel schon gemerkt haben... (149)

    _____

    _____

C Read §13.1, including all three subsections. Then identify each of the forms as to whether it is a relative pronoun (rel.), an emphatic pronoun (emph.), or a definite article (def.).

 1 dem (1) _____   4 die (33) _____   7 der (49) _____

 2 die (16) _____   5 der (36) _____   8 die (50) _____

 3 die (19) _____   6 dem (46) _____   9 die (123) _____

D In each of the sentences below there is at least one relative
  clause, and the relative pronoun introducing it has been underlined. Rewrite each of these clauses as an independent sentence, using the antecedent of the relative pronoun in your
  new sentence. [§13.2]

  1 Manche Leute freuen sich die ganze Woche lang auf den einen
    Tag, an dem es Metzelsuppe gibt.

    ----

  2 Sie hielt den Löffel noch vor dem Kinn wie jemand, der eine
    grausliche Medizin hinunterschlucken muß.

    ----

  3 Ihr Gesicht, das ausgesehen hatte wie ein Gummitier, das
    lange Zeit aufgepumpt war und dem man dann einen Teil der
    Luft abgelassen hat, ...

    a --

    b --

    c --

  4 Dann kam der Geschäftsführer, ein großer, stattlicher Mann,
    so gegen die sechzig, der das eine Bein beim Gehen nachzog.

E Is the underlined vowel in each of the following words long
  or short? [§19.1]

  1 Bissen _____   5 abgelassen _____

  2 großen _____   6 saßen _____

  3 müssen _____   7 gegessen _____

  4 größer _____   8 aßen _____

Obwohl jede Gattung ihre eigenen Stilmerkmale hat, sind
die Begriffe Lyrik, Epik und Dramatik immer nur als Ideal-
typen zu verstehen, denen die literarischen Mischformen in
der Wirklichkeit sowie neue Formschöpfungen nicht zu ent-
5 sprechen brauchen. Dennoch enthalten sie stets eine Verbindung von inneren und äußeren Formbestimmtheiten.

In der reinen Lyrik spricht ein dichterisches Ich. Die
persönliche Aussage ist zugleich allgemein menschlich und
wird vom Empfänger wiederum als persönlich erfahren. In
10 ihr kann sich daher eine unmittelbare Verschmelzung mit dem
lyrischen Ich vollziehen.

In der Epik berichtet der Erzähler von einem andern,
einem Er. Zwischen diesem Dritten und dem Leser oder Hörer
besteht ein Abstand, der überbrückt wird, indem sich der
15 Leser in den andern hineinversetzt. Der Kern der Dramatik
ist die spannungsvolle Beziehung zwischen dem Helden und
einem Gegenspieler: seinem Widersacher oder dem Schicksal.
Das Drama wird vorgeführt; der Zuschauer beteiligt sich
innerlich an der Handlung auf der Bühne, er wird selbst der
20 Held. Gleichzeitig aber bleibt er bloß Zuschauer, der den
Vorgängen gegenüber Stellung nimmt.

Die Dramatik hat mit der epischen Gattung gemein, daß
sich die Perspektive mit den Handlungspersonen wandeln
kann. Der Erzähler vermag zwischendurch aber auch seine
25 eigene Sicht zu geben, was in der Dramatik ungewöhnlich ist.

Title: die Gattung - *genre*

1 das Merkmal - *characteristic*

2 der Begriff - *concept*

2 die Epik - *epic poetry and prose (including novels and short stories)*

3 die Mischform - *hybrid*

4 die Schöpfung - *creation*

4 entsprechen [5a] (+ *dat.*) - *correspond (to)*

6 die Formbestimmtheit - *something which determines the form*

8 allgemein menschlich - *common to all human beings*

9 der Empfänger - *reader or hearer (one who receives impressions)*

9 wiederum - *in turn*

10 ihr: *Antecedent?*

10 daher - *therefore*

10 unmittelbar - *immediate, direct*

10 die Verschmelzung - *fusing*

11 sich vollziehen [2a] - *take place*

14 bestehen [§6.2.2] - *exist*

14 der Abstand - *distance*

14 indem...der Leser - *in that the reader*

15 sich hinein·versetzen (in + *acc.*) *identify (with)*

15 der Kern - *essence*

16 spannungsvoll - *tense, suspenseful*

16 die Beziehung - *relation*

17 der Gegenspieler - *antagonist*

17 der Widersacher - *adversary, opponent*

17 das Schicksal - *fate*

18 vor·führen - *perform*

18 sich beteiligen (an + *dat.*) *participate (in)*

20 bloß - *merely, only, just*

21 der Vorgang = das Geschehen

21 den Vorgängen gegenüber [§15]

21 Stellung nehmen [5c] - *take a position, adopt a definite attitude*

22 gemein haben (mit) - *have in common (with)*

23 die Perspektive - *view, focus*

23 die Handlungspersonen (*pl.*) - *dramatis personae*

23 sich wandeln - *change completely*

24 vermögen...zu = können

24 zwischendurch - *occasionally*

25 die Sicht - *view, opinion*

Im Bereich der Lyrik gibt es nur eine Welt, die des Dich-
ters, in deren Zentrum er steht und aus der er spricht.
Trotzdem vermag sie jeder als die seinige zu erleben.

Der Epiker kann seinen Standort wechseln, er bewegt sich
30 zwischen verschiedenen Welten. Einmal steht er außerhalb,
über der Werkwelt, ein anderes Mal begibt er sich zeitweise
in sie hinein oder kombiniert seine und unsere reale mit
der von ihm erschaffenen Welt.

Der Dramatiker greift gewöhnlich nicht in den von ihm
35 gestalteten Spielraum ein; dieser bleibt eine Welt für sich,
die sich nach ihren eigenen Gesetzen bewegt. Der Verfasser
tritt nicht in ihr auf und äußert sich auch nicht über sie;
im Drama gilt die Welt der Handlungspersonen.

Die Sprechform der Lyrik ist der Monolog, unmittelbare
40 Aussage in direkter Rede, wenn man will, ein Stück laut-
gewordener Bewußtseinsstrom, vom Dichter eingefangen und
künstlerisch durchformt.

Der epische Bericht lebt von den für ihn typischen mittelbaren Redeformen der Sprache, durch welche die Gespräche
45 und Bewußtseinsinhalte der Menschen in direkter und halb-
direkter Einkleidung wiedergegeben werden.

Der Inhalt des Dramas entfaltet sich in der sprachlichen
Form der direkten Rede, in den Dialogen der handelnden
Figuren.

50 In der Redegestaltung stehen Lyrik und Dramatik dem natürlichen menschlichen Sprechen und Denken am nächsten;
beide bedienen sich einer direkten Ausdrucksweise. Dazu
entsteht auf der dramatischen Bühne eine konkrete Wirklichkeit in all ihren Dimensionen wie Raum und Zeit, Personen,

26 der Bereich - *domain*

26-27 die...deren...der: *Antecedent
of all three:* Welt

28 vermag: *Subject of this clause?*

28 die seinige = seine Welt

31 die Werkwelt: "Werk" *here refers
to the work of art, thus: the
world of his work of art*

31 sich begeben [4a] (in + *acc.*) -
move (into)

31 zeitweise - *temporarily*

32 sie: *Antecedent?*

32 seine = seine...Welt

32 unsere reale = unsere reale...
Welt

33 erschaffen - *created*

34 ein·greifen [1b] (in + *acc.*)
interfere (with)

35 gestalten = formen, bilden, ent-
wickeln

35 der Spielraum - *little universe
(space on the stage)*

36 der Verfasser = der Autor

37 auf·treten [4a] - *appear*

37 sich äußern = etwas sagen; sich
nicht äußern = nichts sagen

38 gelten [5a] - *be valid, count*

40 die direkte Rede - *a grammatical*

term [§12]

41 der Bewußtseinsstrom - *stream of
consciousness*

41 ein·fangen [7b] - *grasp*

42 durchformen = gestalten (35)

43 die mittelbare Redeform der Sprache - *language style of one who
narrates events in which he himself did not participate*

43 mittelbar - *involving something
or someone intervening between
two things or persons*

45 die Bewußtseinsinhalte (*pl.*) -
thoughts and ideas

46 die Einkleidung - *rendering (of
thoughts)*

47 der Inhalt - *contents*

47 sich entfalten - *unfold, develop*

50 die Redegestaltung - *speech form*

51 am nächsten (+ *dat.*) - *closest
(to)* [§4.8.1.3]

52 sich bedienen (+ *gen.*) - *make
use (of)*

52 die Ausdrucksweise - *manner of
expression*

52 dazu - *in addition*

53 entstehen [§6.2.2] - *emerge, come
into existence*

55 Handlung und damit die Sprechsituation, die sich aus Wort
und Gebärde und der Inszenierung ergibt.

Die Lyrik dagegen entfernt sich trotz der unmittelbaren
Form ihres Sprechens doch wieder von der Realität, indem
sie diese durch den bedeutungsvollen, zeichenhaften Charak-
60 ter ihrer Wortung übersteigt. Auch ist die Sprechsituation
nicht eigens mitgegeben wie im Drama, sondern oft nur aus
der lyrischen Aussage selbst erschließbar.

Am weitesten entfernt sich die Epik von der empirischen
Realität. Schon die Form des mittelbaren Berichtes schafft
65 Abstand; zudem hat die Erzählung ihre eigenen Mittel für
die Wiedergabe menschlichen Sprechens und Denkens erfunden.
Sie verwendet neben der indirekten und der erlebten Rede,
die auch dem alltäglichen Leben angehören, eigentümlich
schillernde künstliche Formen, wie das Gedankenreferat,
70 den inneren Monolog und den Bewußtseinsstrom. Anderer-
seits ist gerade der Epiker bemüht, die Welt im Werk und
damit die Situation, aus der heraus seine Gestalten sprechen, handeln und leben, möglichst vollständig in ihrer
ganzen Reichhaltigkeit und Breite aufzubauen.

75 Ihrem Wesen nach ist Lyrik die Antwort eines Ich auf
eine Begegnung mit der Welt. Ihr Inhalt ist nicht nur Stimmung und Gefühl, sondern kann auch eine Erkenntnis, ein
Wollen, ja ein Ding sein; kurz, sie ist Ausdruck jedes see-
lischen Erlebens von Äußerem und Innerem.

80 Gegenstand des epischen Werkes sind die Schicksale und
Abenteuer des Helden. Es gibt Kunde von seinen Erfahrungen
in der Welt im weitesten Sinne und ist Ereignisbericht,
Reportage.

---

55 die Handlung - *action*
55 und damit - *resulting in*
56 die Gebärde - *gestures and facial expression*
56 die Inszenierung - *staging*
57 dagegen [§17.1.3]
57 sich entfernen (von) - *depart (from)*
57 trotz (+ *gen.*) - *in spite of*
58 indem sie...übersteigt - *by transcending (Read §8.4.1.2 and notice how this occurrence differs from the one in line 14.)*
59 sie/diese: *Both have feminine antecedents. The antecedent of* diese *has to be the closest feminine noun;* sie: die Lyrik.
59 zeichenhaft - *symbolic*
60 übersteigen [1a] - *transcend*
61 eigens - *expressly*
61 mit·geben [4a] - *impart*
62 erschließbar - *ascertainable*
65 zudem - *moreover, in addition*
65 das Mittel - *means*
66 die Wiedergabe - *expression*
67 neben - *besides*
67 die erlebte Rede - *direct discourse* [§12]

68 an·gehören - *be a part of*
68 eigentümlich schillernd - *peculiarly iridescent* [§4.9]
71 bemüht sein - *endeavor*
72 aus der heraus - *out of which der: Situation*
72 die Gestalt - *figure, character*
73 möglichst vollständig = *so vollständig wie möglich*
73 vollständig - *completely*
74 die Reichhaltigkeit - *abundance*
74 die Breite - *breadth*
75 ihrem Wesen nach - *essentially*
76 die Stimmung - *mood*
77 die Erkenntnis - *perception*
78 das Wollen - *intent; desire*
78 ja = *sogar*
78 das seelische Erleben - *mental impression*
80 der Gegenstand - *subject*
81 Es = *das epische Werk*
81 Kunde geben (von) - *report (about)*
81 die Erfahrung - *experience*
82 im weitesten Sinne - *in the broadest sense*
82 das Ereignis - *event*

85   In der Dramatik spielen sich Aktionen und Gegenaktionen ab. In sichtbaren und hörbaren Handlungen und Ereignissen werden die Folgen innerer Vorgänge, äußerer Handlungen und Ereignisse sowie ihre Voraussetzungen dargestellt und gemimt. Hier werden Konflikte und Probleme ausgetragen; der Held setzt sich mit einer entscheidenden· Frage, mit anderen oder
90   sich selbst auseinander.

     Auch die Zeit wirkt sich in den drei Gattungen verschieden aus. Das echt lyrische Gedicht ist zeitlos. Es hält etwas Einmaliges fest, das zu allen Zeiten wieder lebendige Gegenwart werden kann.

95   Die Epik steht im Zeichen der Vergangenheit. Nicht nur frühere Begebenheiten, auch Geschehnisse der Gegenwart oder Zukunft werden durch Umwandlung der Tempusformen so wiedergegeben, als hätten sie sich schon zugetragen.

     Im Spielraum des Dramas wickelt sich das Geschehen als
100 echte Gegenwart ab und begibt sich unmittelbar vor unsern Augen auf der Bühne. Es ist realer Ablauf in der realen Zeit und aktuelle Präsenz.

     Der spezifisch lyrische Raum ist die Innenwelt; sogar Äußeres bedeutet hier noch Innenwelt.

105   Umgekehrt stellt das Drama auch Seelisches in den konkreten Raum der Bühne hinein.

     Ihrem Erzählcharakter gemäß ist die Epik an keinen der beiden Räume besonders gebunden. Ihr ist es möglich, die Außenwelt und die Innenwelt als solche zu geben. Mühelos
110 wechselt sie den inneren und äußeren Schauplatz, wo der Mensch seine Abenteuer besteht. Frei durchwandert der Erzähler die mannigfaltigsten Räume; epischer Raum ist überall, ist Welt überhaupt.

     Die drei Gattungen unterscheiden sich auch in der Dichte
115 ihrer sprachlichen Substanz. Die stärkste Verdichtung erfährt die Sprache in der Lyrik. In Wenigem ist Wesent-

---

84 sich ab·spielen - *take place*
87 sowie - *as well as*
87 die Voraussetzung - *presupposition, assumption*
87 dar·stellen - *represent*
87 mimen - *act out*
88 aus·tragen [6a] - *settle decisively*
89 sich auseinander·setzen (mit) - *come to terms (with)*
89 mit anderen - *with other people*
91 sich (verschieden) aus·wirken - *have a (different) effect*
92 echt - *genuine(ly), pure(ly)*
93 etwas Einmaliges - *something unique*
95 im Zeichen stehen [§6.2.2] - *be marked by*
96 die Begebenheit = das Ereignis (83) = das Geschehnis
97 die Umwandlung - *transformation*
97 die Tempusform - *tense form (of the verb)*

97 wieder·geben [4a] - *represent*
98 sie: *Antecedent?*
99 sich ab·wickeln = sich ab·spielen (84) = sich entfalten (47)
100 sich begeben = (hier) geschehen, sich ereignen (*Cf*. Begebenheiten: 96)
101 Es: *Antecedent?*
101 real - *actual*
101 der Ablauf - *course (of events)*
102 aktuelle Präsenz - *simultaneous representation*
105 umgekehrt - *conversely*
107 gemäß [§15] - *in accordance with*
109 mühelos - *effortless(ly)*
111 bestehen - *live through*
112 mannigfaltig - *diverse*
113 Welt überhaupt - *the world itself, the whole world*
114 die Dichte - *density*
115 die Verdichtung - *condensation*
116 erfahren [6a] - *(here) undergo*

lichstes enthalten. Zudem ist das lyrische Gedicht eine
Einheit, die primär vom klingenden Rhythmus geprägt wird.
    Der Lyriker spart aus, der Epiker dagegen bringt mög-
120 lichst viel; er schweift nach allen Richtungen, auch bei
Nebensächlichem länger verweilend, so sehr, daß seine lok-
ker gereihte Form oft nicht mehr als Einheit erlebbar ist.
    Das Drama verlangt wieder ein festeres Gefüge; es reiht
nicht bloß aneinander, sondern verknüpft das Entscheidende.
125 Von Spannung zu Spannung sich steigernd, doch auf Entspan-
nung hindrängend, führt es die Handlung zielstrebig ihrem
Ende zu.
    Trotz der auf diesem Gebiet herrschenden Problematik
können die allgemeinen Stilzüge der Gattungen richtung-
130 weisend sein, wenn eine der vielfältigen konkreten Formen
erfaßt werden soll.

            — Emmy L. Kerkhoff

117 Wesentlichstes - *the most es-
    sential*
117 zudem (65)
118 klingend [§9.2.8] - *pleasant
    sounding*
118 prägen - *stamp, mark*
120 er = der Epiker
120 schweifen - *stray, wander*
121 das Nebensächliche - *the trivial,
    non-essential*
121 verweilen = bleiben
121 locker [§19.2.1] gereiht - *loose-
    ly constructed*
122 erlebbar - *conceivable*
123 verlangen - *demand*

123 das Gefüge - *structure*
123 aneinander·reihen - *list*
124 verknüpfen - *tie together*
124 das Entscheidende - *the decisive
    events*
125 sich steigern - *intensify*
126 hin·drängen - *push toward*
126 es: Antecedent?
126 zielstrebig - *pressing toward a
    goal*
129 allgemein - *general*
129 der Zug/Züge - *characteristic*
129 richtungweisend - *directional*
130 vielfältig - *various*
131 erfassen = verstehen

Melde mir die Nachtgeräusche, Muse,
die ans Ohr des Schlummerlosen fluten!
Erst das traute Wachtgebell der Hunde,
dann der abgezählte Schlag der Stunde,
5 dann ein Fischer-Zwiegespräch am Ufer,
dann? Nichts weiter als der ungewisse
Geisterlaut der ungebrochnen Stille,
wie das Atmen eines jungen Busens,
wie das Murmeln eines tiefen Brunnens,
10 wie das Schlagen eines dumpfen Ruders,
dann der ungehörte Tritt des Schlummers.

— Conrad Ferdinand Meyer
(1825-1898)

Title: das Geräusch - *sound*
1 melden - *announce, report*
2 der Schlummer - *sleep, slumber*
2 fluten - *flow*
3 traut = vertraut - *familiar*
4 ab·zählen - *count off*
4 der Schlag - *striking*
5 das Zwiegespräch - *dialogue*

7 der Geisterlaut - *spectral sound*
8 das Atmen [§2.5] - *breathing*
8 der Busen - *breast*
9 das Murmeln - *murmuring*
9 der Brunnen - *spring, well*
10 das Schlagen - *thudding*
10 dumpf - *muffled*
10 das Ruder - *oar*

QUESTIONS ON THE TEXT

Der Gattungsstil

What are the three main literary genres?

Do they usually manifest themselves in their pure form in a given work of art?

What are the two dimensions of lyric expression?

How is lyric expression transmitted to the hearer/reader?

In what grammatical form (first person, second person, etc.) does the lyric poet usually speak?

What grammatical form does the epic poet (or novelist) usually use?

What does the use of this form create between the reader and the protagonist in the story?

How can this be bridged?

What is the essence of the drama?

What are two ways in which the spectator participates in the presentation of the drama?

What does drama have in common with the epic (which is different from the lyric)?

What possibility does the epic have, which drama does not have?

What is the "world" of the lyric?

What is possible for the reader of the lyric?

What about the world(s) of the novelist (epic poet)?

Does the genre "drama" allow the same maneuvering and manipulating as the genre "epic"?

Does the dramatist usually participate in any way in his production?

In what form does the lyric poet speak to his listener/reader?

How does the epic poet speak to his reader?

Both lyric and drama employ "direkte Rede." What is the difference?

What is the difference between lyric and drama as far as concrete reality is concerned?

How does the epic compare to the other two as to its treatment of concrete reality?

What means does the novelist use to express the "reality" he is depicting?

Is he usually sketchy or expansive in his description of that reality?

What forms can lyric assume as an expression of the answer of a human being to an "encounter with the world"?

What is the subject matter of the epic work?

What form does it take?

What is seen and heard in drama?

What is the function of the hero?

How is time treated in the three genres? — Space?

How are the three genres differentiated as to concentration or condensation of language?

Does the author of this essay claim that all the statements made about the genres apply universally or absolutely?

In what way are such statements useful?

Über die Lyrik:
Wer spricht? (7-11)
Aus was für einer Welt spricht er? (26-28)
Was ist seine Sprechform? (39-42)
Ist die Lyrik der Realität nah? (50-52, 57-60)
Was ist der Inhalt der Lyrik? (75-79)
Wie wirkt sich die Zeit aus? (91-94)
In welchem Raum spielt sich die Lyrik ab? (103-104)
Sagen Sie etwas von der Dichte der lyrischen Sprache! (114-118)

Über die Epik:
Wer spricht? Von wem spricht er? (12-15)
Wie ist die Welt des Epikers? Wie kann er sich darin bewegen? (29-33)
Was ist die Sprechform der Epik? (43-46)
Ist die Epik der Realität nah? Worüber kann der Epiker berichten? (63-74)
Was ist der Gegenstand des epischen Werkes? (80-83)
Was ist die Zeit der Epik? (95-98)
Wie verwendet der Epiker den Begriff „Raum"?
Sagen Sie etwas von der Dichte der epischen Sprache! (119-122)

Über die Dramatik:
Wer spricht? (15-22)
Was ist die Welt des Dramatikers?
    Wer bewegt sich darin? (34-38)
Was ist die Sprechform des Dramas?
    (47-49)
Ist das Drama der Realität nah?
    (50-57)
Was ist der Gegenstand des Dramas?
    (84-90)
Wie wirkt sich die Zeit aus? (99-
    102)
In welchem Raum spielt sich das
    Drama ab? (105-106)
Sagen Sie etwas von der Dichte der
    dramatischen Sprache! (123-126)

Nachtgeräusche

What is the natural setting of this
    poem?
Where is the poet?
What is he trying to do?
What is the progression of sounds
    in the course of the poem?
Is there any use of onomatopoeia?

WORDS AND WORD FAMILIES

der Abstand/-stände (14, 65)
allgemein (8, 129)
der Ausdruck (78)
    die Ausdrucksweise (52)
äußer- (6, 86, 110)
    das Äußere (79, 100)
    die Außenwelt (109)
    außerhalb (30)
    sich äußern (37)
sich begeben [4a] (31, 100)
    die Begebenheit -en (96)
der Bericht -e (43, 64)
    berichten (12)
bestehen [§6.2.2] (14, 111)
das Bewußtsein:
    der Bewußtseinsinhalt (45)
    der Bewußtseinsstrom (41, 70)
die Bühne -n (19, 53, 100)
der Dichter - (26)
    dichterisch (7)
echt (92, 100)
eigen (1, 25, 36, 65)
sich entfernen (57, 63)
enthalten [7a] (5, 117)
das Ereignis -nisse (85, 87)
    der Ereignisbericht -e (82)
die Gattung -en (1, 22, 91)
das Gedicht -e (92, 117)
die Gegenwart (100, 94, 96)
das Geschehen (99)
    das Geschehnis -nisse (96)
die Gestalt -en (72)
    gestalten (35)
handeln (48, 73)
    die Handlung -en (19, 55, 85)
    die Handlungsperson -en (23, 28)
der Held [§2.3, §2.4] (16, 20, 81)

indem (14, 58)
der Inhalt -e (47, 76)
die Innenwelt (103, 104, 109)
inner- (6, 86, 110)
    das Innere (79)
    innerlich (19)
mittelbar (43, 64)
    unmittelbar (10, 39, 57, 100)
möglichst (73, 119)
die Mühe:
    bemüht sein (71)
    mühelos (109)
der Raum/Räume (54, 106, 108, 112)
    der Spielraum (35, 99)
die Rede -n (40, 67)
    die Redeform -en (40)
    die Redegestaltung -en (50)
die Richtung -en (120)
    richtungweisend (129)
schaffen [6b] (64)
    erschaffen (33)
das Schicksal -e (80, 18)
die Seele -n:
    seelisch (78)
    das Seelische (105)
die Spannung (125)
    die Entspannung (125)
    spannungsvoll (16)
vermögen...zu (24, 28)
der Vorgang/-gänge (21, 86)
wechseln (29, 110)
wieder·geben [4a] (46, 96)
    die Wiedergabe (66)
das Zeichen - (95)
    zeichenhaft (59)
der Zuschauer - (18, 26)
zudem (65, 117)

Name _____Datum _____

A Each of the underlined words in the following sentences func-
  tions as either an adjective or an adverb. Indicate the
  function of each one by writing above it: **Adj.** (adjective)
  or **Adv.** (adverb). [§4.9]

   1 Sie verwendet ... eigentümlich schillernde künstliche Formen.
     (L:67)
   2 In sichtbaren und hörbaren Handlungen und Ereignissen werden

     die Folgen innerer Vorgänge, äußerer Handlungen und Ereignis-

     se sowie ihre Voraussetzungen dargestellt und gemimt. (L:85)

   3 Der spezifisch lyrische Raum ist die Innenwelt... (L:103)

   4 Wir schließen nach Abb. 1 oben an eine gut arbeitende Pumpe
     an. (P:1)

   5 Betrachten wir die Schriften bei Tage, so finden wir, daß die

     Buchstaben aus meist hellen Glasröhren gebogen sind. (P:25)

   6 Nun beginnen die Glaswände in einem magisch grünen Licht zu

     leuchten. (P:53)

   7 Die schweizerische Frauenbewegung ... entfaltet eine dankbar

     anerkannte Wirksamkeit auf dem Gebiete der gemeinnützigen und

     wohltätigen Bestrebungen. (M:82)

   8 Die Freiheit der Stimmabgabe ist wirksam geschützt. (M:97)

   9 Schuld daran ist der früh einsetzende Mangel an einem Enzym.
     (B:53)

  10 Die biologisch erfolgreicheren Laktasebesitzer könnten ihre

     vorteilhafte Erbanlage allmählich auf die ganze Bevölkerung

     übertragen haben. (B:127)

B Rewrite each of the following extended adjective constructions
  as a noun + relative clause, according to the patterns in §14.1.

   1 mit der von ihm erschaffenen Welt (L:33) [§14.1.4]

   _____ mit der Welt, die von ihm erschaffen worden ist _____

   2 in den von ihm gestalteten Spielraum (L:34) [§14.1.4]

   _____

3 von den für ihn typischen mittelbaren Redeformen (L:43)
  [§14.1.5]

----

4 Trotz der auf diesem Gebiet herrschenden Problematik (L:128)
  [§14.1.2]

----

5 Unter den durch das Entladungsrohr fliegenden Elektronen
  (P:105)

----

6 die wohl auf den germanischen Brauch zurückgehende Ansicht
  (M:35)

----

7 die zahlreichen in der Schweiz lebenden Ausländer (M:24)

----

8 Dieser in der Industrie- und Massengesellschaft verbreitete
  Typus (M:117) [§14.1.3]

----

9 die Viehzucht treibenden Europäer (B:108)

----

10 zu einer in bestimmten Bevölkerungsgruppen weit verbreiteten
   Eigenschaft (B:135)

C Rewrite each of the following noun + relative clause constructions as an extended adjective/participle construction.

  1 ein Ball, der gegen eine Wand geworfen wird (P:87)

          ein gegen eine Wand geworfener Ball
----

  2 die Elektronen, die zur Anode wandern (P:82)

----

  3 ein Funkenstrahl, der lautlos von einer Elektrode zur anderen
    zieht (P:42)

----

  4 die Berufe, die dem Mann vorbehalten waren (M:80)

Name _____ Datum _____

A In each of the following sentences underline the <u>subject</u> (nominative case) of the <u>main clause</u> once, the <u>inflected verb</u> of the
<u>main clause</u> twice.

1 In ihr <u>kann</u> sich daher <u>eine unmittelbare Verschmelzung</u> mit
dem lyrischen Ich vollziehen.

2 In der Epik berichtet der Erzähler von einem andern, einem Er.

3 Zwischen diesem Dritten und dem Leser oder Hörer besteht ein
Abstand, der überbrückt wird, indem sich der Leser in den
andern hineinversetzt.

4 Trotzdem vermag sie jeder als die seinige zu erleben. (28)

5 In der Redegestaltung stehen Lyrik und Dramatik dem natürlichen menschlichen Sprechen und Denken am nächsten.

6 Am weitesten entfernt sich die Epik von der empirischen Realität.

7 Schon die Form des mittelbaren Berichtes schafft Abstand.

8 Zudem hat die Erzählung ihre eigenen Mittel für die Wiedergabe menschlichen Sprechens und Denkens erfunden.

9 Gegenstand des epischen Werkes sind die Schicksale und Abenteuer des Helden.

10 In sichtbaren und hörbaren Handlungen und Ereignissen werden
die Folgen innerer Vorgänge, äußerer Handlungen und Ereignisse sowie ihre Voraussetzungen dargestellt und gemimt.

B Give the antecedent of each of the following pronouns.

1 denen (3)_____   6 ihr (37)_____

2 ihr (10)_____   7 ihn (43)_____

3 sie (28)_____   8 diese (59)_____

4 sie (32)_____   9 sie (98)_____

5 ihm (33)_____ 10 Es (101)_____

C Rewrite the following relative clauses as independent sentences,
using the antecedent of each underlined pronoun in your new
sentence. [§13.2]

1 <u>der</u> den Vorgängen gegenüber Stellung nimmt. (20)

Der Zuschauer nimmt den Vorgängen gegenüber Stellung.
_____

2 in <u>deren</u> Zentrum <u>er</u> steht.   (27) [§13.2.2]

----

3 <u>die</u> sich nach ihren eigenen Gesetzen bewegt. (36)

----

4 durch <u>welche</u> die Gespräche ... der Menschen wiedergegeben
  werden. (44)

----

5 <u>das</u> zu allen Zeiten wieder lebendige Gegenwart werden kann.
  (93)

D Underline all genitive noun phrases (including modifiers) in
the following sentences. Some sentences have more than one.

1 Die Lyrik dagegen entfernt sich trotz <u>der unmittelbaren Form</u>
  <u>ihres Sprechens</u> doch wieder von der Realität, indem sie diese
  durch den bedeutungsvollen, zeichenhaften Charakter <u>ihrer</u>
  <u>Wortung</u> übersteigt. (57)

2 Schon die Form des mittelbaren Berichtes schafft Abstand;
  zudem hat die Erzählung ihre eigenen Mittel für die Wiedergabe menschlichen Sprechens und Denkens erfunden. (64)

3 Ihrem Erzählcharakter gemäß ist die Epik an keinen der beiden
  Räume besonders gebunden. (107)

4 Die drei Gattungen unterscheiden sich auch in der Dichte
  ihrer sprachlichen Substanz. (114)

5 Trotz der auf diesem Gebiet herrschenden Problematik können
  die allgemeinen Stilzüge der Gattungen richtungweisend sein,
  wenn eine der vielfältigen konkreten Formen erfaßt werden
  soll. (128)

Der Schweißer Egon Witty stand vor dem Büro seines
Meisters, er hatte während eines Arbeitstages oft da vor-
zusprechen, und jetzt wollte er die Detailzeichnungen für
das Gestänge der neuen Montagehalle holen, damit die
5 Schweißarbeiten begonnen werden konnten.

Der Schweißer Egon Witty hatte Zukunft. Er war dreißig
Jahre alt, verheiratet mit einer Frau, die einer bekannten
Filmschauspielerin ähnelte, aber viel Verstand mitbrachte
und Fürsorge für ihn und seine Pläne. Er hatte zwei Mäd-
10 chen in noch nicht schulpflichtigem Alter, und er war von
der Betriebsleitung ausersehen, in einem halben Jahr den
Posten des Meisters zu übernehmen, wenn der alte Mann in
Pension ging.

Der Schweißer Witty hatte also Zukunft.

15 Der Schweißer Egon Witty blieb vor dem Büro seines
Meisters stehen. Es gab keinen Grund, warum er stehen-
blieb und in die Sonne blinzelte. Es gab keinen Grund,
warum er nicht wie alle Tage sofort eintrat und seine Sache
vortrug.

20 Es war ein ungewöhnlich heißer Tag.

Was wird sein, wenn ich Meister bin? dachte er. Was
wird sich im Betrieb und in meinem Leben verändern? Warum
soll sich etwas verändern? Bin ich ein Mensch, der verändern will? Er stand starr und beobachtete mit abwesendem
25 Blick das geschäftige Treiben auf dem Eisenverladeplatz,
der hundert Meter weiter unter einer sengenden Sonne lag.
Die Männer dort arbeiteten ohne Hemd, ihre braunen Körper
glänzten im Schweiß. Ab und zu trank einer aus der Flasche.
Ob sie Bier trinken oder Coca?

30 Was wird sein, wenn ich Meister bin? Mein Gott, was wird
dann sein? Ja, ich werde mehr Geld verdienen, kann mir auch

1 der Schweißer - *welder*
2 der Meister = der Schweißermeister
2 haben...zu - *be obliged to; have occasion to*
2 vor·sprechen [5a] - *call, drop in*
3 die Zeichnung - *drawing, blueprint*
4 das Gestänge - *framework of steel girders*
4 die Montagehalle - *building with assembly line*
4 damit [§18.3.1]
8 ähneln (+ *dat.*) - *look like*
8 mit·bringen - *bring (to the marriage)*
9 die Fürsorge - *considerateness*
10 in noch nicht schulpflichtigem Alter = noch nicht alt genug, zur Schule zu gehen
11 die Betriebsleitung - *management*
11 ausersehen - *designated*
13 die Pension: *The white-collar worker in Germany (der Angestellte) receives a "Pension" at retirement; the blue-collar worker (der Arbeiter), a "Rente".*
16 der Grund - *reason*
17 blinzeln - *squint*
19 vor·tragen [6a] = berichten (über + *acc.*)
20 ein ungewöhnlich heißer Tag [§4.9]
22 der Betrieb - *plant, factory*
22 verändern - *change*
24 starr - *still, motionless*
24 abwesend - *absent-minded*
25 geschäftig - *busy*
25 das Treiben - *activity*
25 der Eisenverladeplatz - *dock where iron is loaded/unloaded*
26 sengend - *blazing, scorching*
28 der Schweiß - *sweat*
28 ab und zu = manchmal
29 Ob sie... = er fragte sich, ob sie...

einen Wagen leisten, und die Mädchen werde ich zur Oberschule schicken, wenn es so weit ist. Vorausgesetzt, sie haben
das Zeug dazu. Eine größere Wohnung werde ich beziehen, von
35 der Werksleitung eingewiesen in die Siedlung, in der nur Angestellte der Fabrik wohnen. Vier Zimmer, Kochnische, Bad,
Balkon, kleiner Garten — und Garage. Das ist schon etwas.
Dann werde ich endlich heraus sein aus der Kasernensiedlung,
wo die Wände Ohren haben, wo einer dem andern in den Koch-
40 topf guckt und der Nachbar an die Wand klopft, wenn meine
Frau den Schallplattenapparat zu laut aufdreht und die
Pilzköpfe plärren läßt.
     Meister, werden dann hundert Arbeiter zu mir sagen —
oder Herr. Oder Herr Meister — oder Herr Witty. Wie sich
45 das wohl anhört: Herr Witty, Meister. Er sprach es mehrmals laut vor sich hin.
     Der Schweißer Egon Witty blinzelte in die Sonne, und er
sah auf den Verladeplatz, der unter einer prallen Sonne lag,
und er rätselte, was die Männer mit den entblößten Ober-
50 körpern wohl tranken: Bier? Coca?
     Schön wird das sein, wenn ich erst Meister bin, ich werde
etwas sein; denn jetzt bin ich nichts, nur ein Rad im Getriebe, das man auswechseln kann. Räder sind ersetzbar,
nicht so leicht aber Männer, die Räder in Bewegung setzen
55 und überwachen. Ich werde in Bewegung setzen und überwachen, ich werde etwas sein, ich werde bestimmen, anordnen,
verwerfen, begutachten, für gut befinden. Ich werde die
Verantwortung tragen. Ich allein. Verantwortung? Ver...
ant...wor...tung?

32 sich etwas leisten können = genug Geld haben, um sich etwas kaufen zu können
32 die Oberschule - *secondary school with an emphasis on modern languages, in preparation for a business career*
33 wenn es so weit ist = wenn sie alt genug sind
33 vorausgesetzt - *assuming*
34 das Zeug dazu - *what it takes (brains, etc.)*
34 beziehen [2a] - *move into*
35 die Werksleitung = die Betriebs-leitung (11)
35 ein·weisen [1a] - *reserve*
35 die Siedlung = Gruppe von Wohn-häusern
35 der Angestellte - *white-collar worker (on a salary)*
36 die Kochnische - *kitchenette*
38 die Kasernensiedlung = großes Ap-partementhaus (wie eine Kaserne - *barracks*)
39 dem andern [§1.3.5]
42 die Pilzköpfe - *the Beatles (mushroom-heads)*
42 plärren = laut und unschön singen

44 Herr: *Up to now his fellow-workers have been on a first-name basis with Witty.*
44 Herr Meister: *In German the title, preceded by "Herr" or "Frau", is considered more respectful and more formal than the name.*
44 Wie sich das anhört - *How that will sound*
45 wohl: *an "attitude" word, like "doch;" it shows a tentative, uncertain feeling in the speaker.*
46 vor sich hin - *to himself*
48 prall = sehr heiß
49 rätseln = sich fragen
49 entblößt - *bare*
51 wenn ich erst...bin - *when I am finally...*
52 das Getriebe - *machinery*
53 ersetzbar - *replaceable*
56 bestimmen - *make decisions*
56 anordnen - *organize*
57 verwerfen [5a] - *reject*
57 begutachten - *recommend, approve*
57 für gut (schlecht) befinden - *judge good (bad)*
58 die Verantwortung - *responsibility*

60   Da wußte er plötzlich, warum er gezögert hatte in das
Büro des Meisters zu gehen, wie all die Tage vorher, forsch,
in dem sicheren Gefühl, hier bald der Meister zu sein. Herr?
Oder Meister? Wie sich das anhört: Herr Witty. Meister!
        Nein, dachte er, ich kann diese Verantwortung unmöglich
65 auf mich nehmen. Ich bin nicht der richtige Mann dafür,
ich kann das nicht, ich habe nicht die Sicherheit des Alten.
Der zweifelt nie, der weiß einfach, wann was wo zu geschehen
hat und auch wie. Ich muß einen Menschen haben, der mir die
letzte Entscheidung abnimmt, der mir sagt, wann was wo zu
70 geschehen hat und wie.
        Ich habe Angst. Einfach Angst.
        Eine saubere Naht kann ich schweißen, millimetergenau
Eisen zerteilen, und ich kann Pläne lesen und weiß: wo, was,
wie, warum, wann. Aber ich weiß nicht, ob das absolut rich-
75 tig ist. Ich weiß es nicht.
        Nein, ich kann diese Stelle nicht übernehmen, ich bin zu
unsicher, ich müßte immer fragen, ob es richtig ist. Weil
ich nun eben so bin. Ich werde dann nicht Herr heißen und
nicht Meister. Kollegen werden lächeln und Feigling sagen.
80 Sollen sie! In die Angestelltensiedlung kann ich dann auch
nicht umziehen. Das ist schade, werde weiterhin in meiner
Kaserne wohnen. Und die Mädchen? Noch ist es nicht so
weit, kommt Zeit, kommt Rat, vielleicht haben sie gar nicht
das Zeug für die Oberschule. Und das Auto? Wird dann wohl
85 nichts werden, meine Frau muß weiter auf dem Moped in die
Stadt zum Einkaufen fahren. Vielleicht reicht es zum Auto,
wenn ich jeden Tag Überstunden mache. Ich kann arbeiten
für zwei, ich traue mir alles zu, ich kann gut arbeiten und
schnell und sauber. Aber ich kann diese Verantwortung nicht
90 tragen. Ich habe einfach Angst, eine dumme, erbärmliche
Angst. Vor meiner Unsicherheit? Wovor habe ich denn nun
Angst?
        Der Schweißer Egon Witty stand vor dem Büro seines Mei-
sters und blinzelte in die Sonne. Trinken die Männer dort
95 auf dem Platz unter der stechenden Sonne nun Bier oder Coca?
        Mein Gott, wäre das schön: Meister sein. Eine gute Stel-
lung, eine Lebensstellung, und dann mit Herr angeredet
werden oder mit Meister. Meine Frau freut sich auf meine
Beförderung — sie wird enttäuscht sein und zornig und mich

61 forsch – *brash*	79 der Kollege = der Mitarbeiter
62 sicher – *secure, sure*	79 der Feigling – *coward*
62 bald – *soon*	80 Sollen Sie! – *Let them!*
66 des Alten [§2.6.1 + §1.4.1]	83 kommt Zeit, kommt Rat – *we'll cross*
67 zweifeln – *doubt*	*that bridge when we come to it*
69 ab·nehmen [5c] – *relieve (of)*	85 das Moped = leichtes Motorrad
72 sauber – *clean; (here) excellent,*	86 reichen = genug sein
perfect	88 ich traue mir alles zu – *I can*
72 die Naht – *seam; joint*	*do anything*
72 millimetergenau – *exact to the*	90 erbärmlich – *pitiable*
millimeter	91 Wovor [§17.2.1]
73 zerteilen – *divide up*	91 Angst haben (vor + *dat.*) – *be*
76 die Stelle – *place, position*	*afraid (of)*
77 müßte – *would have to*	95 stechend = sengend (26)
77 Weil ich nun eben so bin – *Be-*	99 die Beförderung – *promotion*
cause that's the way I am	99 enttäuscht – *disappointed*
	99 zornig – *angry*

100 einen Narren schimpfen, der nicht weiß, was er will. Sie
    wird mich einen Drückeberger nennen und einen, der keinen
    Mumm in den Knochen hat, der den Mund dort aufreißt, wo es
    nicht nötig ist. Sie wird das heute abend alles sagen,
    wenn ich ihr von meinem Entschluß erzähle. Ich kann ihr
105 alles erklären, alles, aber nicht, daß ich Angst habe, eine
    kleine, saublöde Angst. Sie wird nie verstehen, was Angst
    ist. Sie wird zu mir sagen: „Warum? Du kennst doch dein
    Fach, dir kann keiner was vormachen, du kennst wie kein
    zweiter dieses Fach. Soll ein Halbidiot an deine Stelle
110 treten?" Sie ist stolz auf mich; denn von überall und von
    jedermann hört sie, daß ich tüchtig bin, daß ich Übersicht
    und Umsicht habe. Ich sei enorm gescheit, hat ihr der Di-
    rektor auf der letzten Betriebsfeier gesagt. Ja, sie ist
    stolz auf mich, sehr. Was wird sie wohl heute abend sagen?
115 Ich sehe schon ihr erschrecktes Gesicht.
        Sie wissen alle, was ich kann, der Herr Direktor, der
    Meister und auch meine Frau, aber sie wissen nicht, daß ich
    Angst habe, eine kleine, erbärmliche Angst. Ich kann ihnen
    das nicht sagen, nicht erklären, nicht begründen; sie ver-
120 stehen mich nicht, nicht der Direktor, nicht der Meister,
    nicht meine Frau. Wohl kann ich eine saubere Naht schweißen,
    Pläne lesen und weiß: was, wie, wann, warum. Aber ich weiß
    nicht, warum ich Angst habe, warum ich unsicher bin, wo ich
    doch in meinem Beruf für alle anderen Sicherheit ausstrahle.
125 Ich kann es ihnen nicht erklären, sie würden mich auslachen
    und sagen: „Du bist doch kein Kind mehr." Ja, das werden
    sie sagen, sie werden mich für launisch halten; sie werden
    glauben, ich will mich interessant machen, um vielleicht
    mehr Gehalt herauszuschlagen.
130   Dem Meister werde ich das jetzt sagen, er soll einen
    anderen vorschlagen, einen, der keine Angst hat und der
    nicht weiß, was das ist.
        Der Schweißer Egon Witty blinzelte in die Sonne und auf
    den Verladeplatz. Die Männer dort. Trinken sie nun Bier?
135 Oder Coca? Bei der Hitze sollten sie kein Bier trinken.
        Die Bürotür schlug heftig nach außen auf, der Meister
    hätte Witty beinah umgerannt. Der grauhaarige Mann sah
    auf und lachte breit, als er Witty erkannte.
        „Ach!" rief er, „da bist du ja. Ich wollte gerade zu
140 dir in die Halle."

---

100 der Narr (acc. den Narren, *as in*
    §2.3) - *fool*
101 der Drückeberger = jemand, der
    möglichst wenig arbeitet
102 der Mumm = der Mut - *courage*
104 der Entschluß = die Entscheidung
106 saublöd = sehr dumm
108 das Fach - *trade*
108 was = etwas
108 jemandem etwas vor·machen - *fool
    someone*
108 kein zweiter = kein anderer
111 tüchtig - *efficient*
111 die Übersicht - *competence,
    ability to size up a situation*

112 die Umsicht - *prudence*
112 sei: *What form is this? Why is
    it appropriate here?*
112 gescheit = klug
113 die Betriebsfeier - *plant party*
119 begründen - *give a reason (for)*
121 wohl = zwar [§18.8.2]
124 alle anderen (Leute)
125 aus·lachen - *ridicule*
127 launisch - *moody, fickle*
129 das Gehalt - *salary*
129 heraus·schlagen [6a] - *get, ob-
    tain, "wangle"*
131 vor·schlagen [6a] - *suggest*

„Zu mir?"

„Ja. Du hast Glück gehabt."

„Glück?"

„Ja, Glück. Natürlich. Am Ersten ist für mich der
145 Letzte. Ich höre auf. In drei Tagen also. Dann bist du
hier der Herr. Der Arzt sagt, ich darf nicht mehr, ab sofort, Herz, weißt du? Ich wußte ja gar nicht, daß es so
schlimm steht."

„Ja, ja", sagte Witty.

150   „Na, Mensch, du stehst hier herum wie ein Ölgötze. Freust
du dich nicht? Mir darfst du deine Freude ruhig zeigen, ich
alter Knochen bin hier sowieso überflüssig geworden. Du
machst das alles viel besser. Und dann, du warst doch im
letzten Jahr schon der Meister, ich habe doch nur Unter-
155 schriften gegeben. Na, Mensch, das kam zu plötzlich, verstehe, das hat dich erschlagen. Was? Dicker Hund? Morgen
wird gefeiert, mein Ausstand, und du zahlst deinen Einstand."

Der Schweißer Egon Witty ging. Er blieb mitten auf dem
Platz stehen und blinzelte in die Sonne und auf den Eisen-
160 verladeplatz. Ob sie Bier trinken oder Coca?

Ich muß umkehren und es dem alten Herrn sagen. Von
meiner Angst muß ich ihm erzählen und sagen, warum ich Angst
habe. Er wird mich verstehen, bestimmt, wenn mich einer versteht, dann er; denn er hat auch einmal Angst gehabt. Er
165 hat es mir vor Jahren einmal erzählt, da sagten wir noch Sie
zueinander. Bis zu den Knien hat er im Schnee gestanden und
die Arme hochgereckt, als die Russen auf sie zukamen. „Wissen
Sie, was ich da dachte?" hatte er einmal erzählt. „Nichts
dachte ich, absolut gar nichts, ich hatte nur eine wahn-
170 sinnige Angst. Und warum? Weil man in dem Moment nicht
weiß, was kommt. Man weiß es nicht, man hat so viel gehört
und auch gesehen, aber in dem Moment weiß man nicht, was
kommt. Und dann ist die Angst da." Als der erste Russe
ihn auf deutsch ansprach, war die Angst weg, erzählte er
175 damals auch. Der mußte lachen, gab ihm eine Zigarette. Das
Lachen und die Zigarette saugten seine Angst auf. Aber
seine Angst ist nicht meine, mich lachen die Menschen an,
sie geben mir Zigaretten, die Angst ist trotzdem da. Der
Meister wird mich trotzdem verstehen. Nur wer nie Angst
180 hatte, sagt, das sind Kindereien. Der Meister wird mich
verstehen.

144 Am ersten ... ist für mich der
letzte ... *What nouns would com-
plete this sentence?*

146 ab sofort - *from now on*

150 wie ein Ölgötze = steif und stumm
(der Götze - *heathen idol*; Ölgötze
- *one asleep at his post of duty,
like the twelve apostles on the
Mount of Olives:* der Ölberg.)

152 alter Knochen = alter Kerl

152 sowieso - *anyhow*

152 überflüssig - *superfluous*

154 die Unterschrift - *signature*

155 Na, Mensch! - *Hey, man!*

155 verstehe = ich verstehe

156 erschlagen [6a] = überraschen

156 Dicker Hund? - *Too much for you?*

157 feiern - *celebrate*

157 der Ausstand - *retirement*

157 du zahlst: *The one who has been
promoted has to pay for a round
of drinks.*

167 hoch•recken - *raise*

169 wahnsinnig - *insane*

175 Der [§13.1.2]: *Antecedent?*

176 auf•saugen - *absorb*

177 an•lachen - *smile at*

180 die Kinderei - *trivial matter*

Egon Witty kehrte um.

Vor der Tür zum Büro blieb er wieder stehen, blinzelte in die Sonne und auf den Verladeplatz. Trinken die Männer
185 nun Bier oder Coca?

Er trat ein, forsch wie immer. Der Meister sah auf, erstaunt, dann nahm er die Brille ab und lächelte breit.

„Na? Was gibt's?" fragte er.

„Ich ... ich ... ich ...", stotterte Witty. Dann sagte
190 er fest: „Ich habe die Pläne für Halle drei vergessen."

„Ach so, ja, hier. Zehn Stück. Gleich in Cellophanhüllen stecken, damit sie nicht so schmutzig werden."

Der Schweißer Egon Witty wollte noch etwas sagen, aber der Meister saß schon wieder hinter seinem Tisch und füllte
195 eine Tabelle aus. Witty nahm die Pläne und ging über den Verladeplatz.

Die Männer dort tranken Bier.

— Max von der Grün (1926-   )

187 erstaunt - *astonished, surprised*
187 die Brille - *glasses*
190 fest - *firmly*
191 die Cellophanhülle - *cellophane cover*

192 stecken: *The infinitive is sometimes used as an imperative.*
Other examples: Sofort einsteigen! Langsam fahren!
195 die Tabelle - *chart*

Sie saß so wie die anderen beim Tee.
Mir war zuerst, als ob sie ihre Tasse
ein wenig anders als die andern fasse.
Sie lächelte einmal. Es tat fast weh.

5 Und als man schließlich sich erhob und sprach
und langsam und wie es der Zufall brachte
durch viele Zimmer ging (man sprach und lachte)
da sah ich sie. Sie ging den andern nach,

verhalten, so wie eine, welche gleich
10 wird singen müssen und vor vielen Leuten;
auf ihren hellen Augen die sich freuten
war Licht von außen wie auf einem Teich.

Sie folgte langsam und sie brauchte lang
als wäre etwas noch nicht überstiegen;
15 und doch: als ob, nach einem Übergang,
sie nicht mehr gehen würde, sondern fliegen.

— Rainer Maria Rilke
(1875-1926)

Title: die Erblindende [§2.6.2] -
the woman who is going blind
2 mir war = es schien mir
3 fassen - *hold*
6 der Zufall - *chance*
7 lachte): *Note the lack of a comma
between the subordinate and the
main clause. This occasional
omission of the comma is an idio-
syncrasy of Rilke.*
9 verhalten - *restrained, holding
back*

11 hell - *pale*
11 *Standard punctuation:* Augen, die
...freuten,
12 der Teich - *pond*
13 sie brauchte lang - *she needed
some time; it took her quite a
while*
14 übersteigen - *overcome*
15 der Übergang - *transition*
16 gehen - *walk*

QUESTIONS ON THE TEXT

Die Entscheidung

*In what setting does this story take
place?*

*Why has Egon Witty come to his boss's
office?*

*Does he often have to go there in the
course of his work?*

What kind of work does he do?

*What prospects does Egon Witty have
for success?*

*Was his wife an actress before their
marriage?*

Is she concerned about his success?

About how old are his two daughters?

*What plans does the company manage-
men have for him? When? Why?*

*Does Witty go straight into the of-
fice?*

What does he do?

*Can he think of any reason for doing
this?*

What kind of weather is it?

*Is he thinking about the future or
the past?*

*What does he look at as he is think-
ing?*

*Is he concentrating on what he is
looking at?*

What question does he ask himself?

*Does he seem to be concerned about
the welfare of the workers?*

*What things will he be able to do
when he is promoted?*

Where has he been living?

What will be the advantages of moving?

*What will be different about his life
at the plant?*

*What sort of worker does he consider
himself now?*

*What will be different after he is
promoted?*

*The thought of what word has stopped
him in his tracks?*

*Why does he think he will not be a
good boss?*

*What does he think is the difference
between himself and the old boss?*

*What does he know, what does he not
know?*

*What does he now think about his
future?*

What will others say?

How will he take their talk?

What will he not be able to do?

*How can he perhaps make enough money
to carry out his aspirations?*

*What will be his wife's reaction if
he is not promoted?*

*What will he be able to explain to
her?*

What will he not be able to explain?

*What will she say if he says he is
afraid?*

*Why won't she be able to understand
his fear?*

What do others think of his work?

*What will they think of his reason
for acting afraid?*

What is he going to tell the boss?

What interrupts his thoughts?

*What news does the old man have for
Witty?*

*How does he assume Witty will take
this news?*

Is he surprised at Witty's reaction?

*To what does he attribute this reac-
tion?*

*What does he say about his own work
lately?*

*What happens at the old man's retire-
ment, and how is the new boss
initiated?*

*What does Witty think as he stands
alone again?*

*Why can he tell the old man of his
fear?*

*When had the old man experienced real
fear?*

*What action had released the old man
from his fear?*

What releases Witty from his fear?

*There is a leitmotiv running through
the story. What is it?*

*How does it reflect Witty's mood,
and how is it resolved? When?*

Wo findet diese Geschichte statt?

Was für ein Mensch ist Egon Witty?

Was hofft er, in Zukunft zu tun?

Was wird er für seine Familie tun
können, wenn er Meister wird?

Wie werden ihn die Arbeiter nennen,
wenn er Meister wird?

Will er eigentlich Meister werden?

Glaubt er, daß er ein guter Meister
sein kann?

Ist er ein guter Schweißer?

Was ist aber der Unterschied zwischen
Arbeiter und Meister?

Welche Vorteile hat die Stellung als
Meister?

Welche Nachteile hat sie?

Wovor hat Egon Witty Angst?

Was sagt der Meister, als er aus seinem Büro herauskommt?

Glaubt Witty in diesem Augenblick, daß er die Stellung annehmen kann?

Was will er dem Meister sagen?

Was sagt er ihm aber, als er ins Büro eintritt?

Was sieht er, als er über den Verladeplatz geht?

Wann hat er sich entschieden, Meister zu werden?

WORDS AND WORD FAMILIES

das Alter - (10)

der Angestellte [§2.6] (35)
> die Angestelltensiedlung (80)

Angst haben (vor + *dat.*) (71, 90, 105)

sich (gut) an·hören (45, 63)

bestimmen (56)

der Betrieb -e (22)
> die Betriebsfeier -n (113)
> die Betriebsleitung -en (11)

blinzeln (17, 47, 94, 130, 159, 183)

breit (138, 187)

das Büro -s (1, 15, 61, 93)

das Eisen (73)
> der Eisenverladeplatz/-plätze (25, 159)

die Entscheidung -en (Title, 69)

erbärmlich (90, 118)

erzählen (104, 162, 165, 168, 174)

das Fach/Fächer (108, 109)

feiern (157)
> die Betriebsfeier (113)

die Freude -n (151)
> sich freuen (150)
> sich freuen (auf + *acc.*) (98)

die Kaserne -n (82)
> die Kasernensiedlung -en (38)

der Körper - (27)
> der Oberkörper - (49)

die Leitung:
> die Betriebsleitung (11)
> die Werksleitung (35)

die Naht/Nähte (72, 121)

nehmen [5c]:
> ab·nehmen (69, 187)
> übernehmen (12, 76)

ob = ich frage mich, ob (26, 160)

die Oberschule -n (32, 84)

das Rad/Räder (52, 53, 54)

sauber (72, 89, 121)

sicher (62)
> die Sicherheit (66, 124)
> unsicher (77, 123)
> die Unsicherheit (91)

die Siedlung -en (35)
> die Angestelltensiedlung (80)
> die Kasernensiedlung (38)

sofort (18, 146)

die Stelle -n (76, 109)

die Stellung -en (96)
> die Lebensstellung (97)

stolz (auf + *acc.*) (110, 114)

trotzdem (178, 179)

um·kehren (161, 182)

verändern (22, 23)

die Verantwortung (58, 64, 89)

die Wand/Wände (39, 40)

wohl (45, 50, 84)

das Zeug (34, 84)

ziehen [2a]:
> eine Wohnung beziehen (34)
> in eine Wohnung um·ziehen (81)

zornig (99)

zweifeln (67)

Name _____ Datum _____

A Indicate by a check in the appropriate column whether the noun
  in the underlined phrase is dative or accusative. Then give
  the reason for the use of that case: goal, position, time, or
  idiomatic usage. [§1.2.3 + §1.3.4; cf. §4 for case endings.]

Die Pilze bilden ein dichtes Flechtwerk   Dat. Acc.   Reason
um die feinen Wurzeln der Waldbäume und
dringen in die Wurzelzellen[1] ein. (B:8)   1 ____ ____ _____

Halbschmarotzer finden wir auf manchen   2 ____ ____ _____
Wiesen[2] und in Wäldern[3]. (B:20)

Die einzelnen Arten sind an verschiedene   3 ____ ____ _____
Wirte[4] gebunden. (B:26)
                                             4 ____ ____ _____
Die Vergesellschaftung der Pflanzen
stellt besonders wichtige Beziehungen   5 ____ ____ _____
zwischen den Pflanzen[5] einer Lebens-
gemeinschaft her. (B:41)   6 ____ ____ _____

Egon Witty war von der Betriebsleitung   7 ____ ____ _____
ausersehen, in einem halben Jahr[6] den
Posten des Meisters zu übernehmen. (L:11)
                                             8 ____ ____ _____
Er stand starr und beobachtete das ge-
schäftige Treiben auf dem Eisenverlade-   9 ____ ____ _____
platz[7]. (L:24)

Er blinzelte in die Sonne[8]. (L:47)   10 ____ ____ _____

Meine Frau muß weiter auf dem Moped[9] in   11 ____ ____ _____
die Stadt[10] zum Einkaufen fahren. (L:85)

An die Hochspannungsquelle[11] wird die   12 ____ ____ _____
Schattenkreuzröhre angeschlossen. (P:6)

Auf der grün schimmernden Röhrenwand[12]   13 ____ ____ _____
entdecken wir das Schattenbild des
Kreuzes. (P:14)   14 ____ ____ _____

Treffen die Elektronen auf die Glasmole-   15 ____ ____ _____
küle[13], so senden deren Atome das grüne
Leuchten aus. (P:17)   16 ____ ____ _____

Die Elektronen prallen mit großer Wucht   17 ____ ____ _____
auf die Wolframplatte[14]. (P:38)

Die humanistische Hoffnung der großen   18 ____ ____ _____
Deutschen ... ist tief in das Denken und
Wollen[15] der Menschen in der DDR eingegangen. (M:5)

Gute Deutsche, das sind jene aufrechten Männer und Frauen, die heute an der
Spitze[16] des ersten deutschen Friedensstaates, der DDR, stehen. (M:36)

Der Dienst in den bewaffneten Organen[17] des Arbeiter-und-Bauern-Staates ist
ehrenvolle nationale Pflicht seiner Bürger, insbesondere der Jugend im wehr-
fähigen Alter[18]. (M:128)

B Indicate the usage of **werden**: independent (I), future (F), or passive (P). If it is used in a future verb phrase, underline the infinitive dependent on it, if in a passive verb phrase, underline the past participle. [§10]

1 ____   Sein Fleiß, sein Genius und seine moralische Kraft

2 ____   wurden[1] von den herrschenden Schichten mißbraucht, und

das Volk wurde[2] um die Früchte seiner Mühe betrogen.

3 ____   (M:46)

Die Elektronen werden[3] durch die hohe Spannung zur

4 ____   Anode hin bewegt und prallen mit großer Wucht auf die

Wolframplatte. (P:37)

5 ____   Eine fotografische Platte wird[4] von den Strahlen so ver-

ändert, als sei sie dem Tageslicht ausgesetzt worden[5].

6 ____   (P:49)

7 ____   Ich werde[6] in Bewegung setzen und überwachen, ich wer-

de[7] etwas sein. (L:55)

8 ____   Und das Auto? Wird[8] wohl nichts werden[9]. (L:84)

Die Pläne soll er gleich in Cellophanhüllen stecken,

9 ____   damit sie nicht so schmutzig werden[10]. (L:191)

10 ____   Der weitaus größte Teil aller Blütenpflanzen wird[11]

durch Tiere bestäubt. (B:82)

11 ____   Diese Tierart dient räuberischen oder parasitisch leben-

den Tierarten als Nahrung, welche wiederum von bestimm-

12 ____   ten tierischen Feinden verfolgt und verzehrt werden[12].

(B:125)

Name _____ Datum _____

A The translation of prepositions is difficult, because their
  "meaning" often depends on the noun, adjective, or verb with
  which they are used. You have had lists of idiomatic usages
  of prepositions on pages 10 and 16 of the Einführung, and
  idiomatic usages of prepositions are often footnoted in your
  text.
  Look at each of the following words in its context, then write
  in the space provided the preposition used with it.

  1 verheiratet (7) _____   4 stolz (110) _____
    (married to)   *(proud of)*

  2 ausersehen (11) _____   5 zukamen (167) _____
    (designated by)   *(came up to)*

  3 freut sich (98) _____   6 ging (195) _____
    (looks forward to)   *(went across)*

B Using the above expressions, translate the following sentences
  into German.

  1 She is married to a judge. __Sie ist mit einem Richter verheiratet.__

  2 He is married to an actress (Cf. line 8).

     ----

  3 I am looking forward to the plant party.

     ----

  4 Mr. Witty is proud of his two little girls.

     ----

  5 The boss came up to me.

C Review §5.4.1. If the reflexive is the only object of the verb,
  it is usually accusative. [For exceptions, see §1.3.2.] If
  there are two objects, the reflexive is the dative form.
  Rewrite each of the following sentences, using the subject given
  in parentheses.

  1 Meine Frau freut sich auf meine Beförderung. (Ich)

     ----

  2 Ich kann mir einen Wagen leisten. (Herr Witty)

     ----

3 Er kann sich nicht helfen [§1.3.2]. (Du)

----

4 Ich traue mir alles zu. (Wir)

----

5 Freust du dich nicht? (ihr)

D Rewrite each of the following direct quotations as indirect discourse, using the subjunctive. [§12]

1 „Ich kann diese Verantwortung nicht tragen," dachte Witty.

   Witty glaubte, daß er diese Verantwortung nicht tragen könne/könnte.

2 „Ich traue mir alles zu," sagte er vor sich hin.

   Er sagte sich, daß

3 „Warum habe ich Angst?" fragte er sich.

   Er fragte sich,

4. Seine Frau wird ihm sagen: „Du kennst doch dein Fach!"

----

5 Sie wird ihn fragen: „Soll ein Halbidiot an deine Stelle treten?"

----

6 Der Meister fragte Witty: „Freust du dich nicht?"

----

7 Witty dachte: „Der Meister wird mich verstehen."

E What is the antecedent of "Der" in line 175? ------------------

Im Duft des Morgens, umstrahlt von Himmelsbläue, wanderte ein Jüngling den winkenden Bergen zu und fühlte sein
frohes Herz mit allen Pulsen der Welt in gleicher Welle
schlagen. Unbedroht und frei trug ihn sein Weg viele Stun-
5 den lang über das offene Land, bis mit einem Male, an eines
Waldes Eingang, rings um ihn, nah und fern zugleich, unbegreiflich, eine Stimme klang: „Geh nicht durch diesen Wald,
Jüngling, es sei denn, du wolltest einen Mord begehen."
Betroffen blieb der Jüngling stehen, blickte nach allen
10 Seiten, und da nirgends ein lebendiges Wesen zu entdecken
war, erkannte er, daß ein Geist zu ihm gesprochen hatte.
Seine Kühnheit aber lehnte sich auf, so dunklem Zuruf gehorsam zu sein, und, den Gang nur wenig mäßigend, schritt er
unbeirrt vorwärts, doch mit angespannten Sinnen, den unbe-
15 kannten Feind rechtzeitig zu erspähen, den ihm jene Warnung
verkündigen mochte. Niemand begegnete ihm, kein verdächti-
ges Geräusch ward vernehmbar, und unangefochten trat der
Jüngling bald aus den schweren Schatten der Bäume ins Freie.
Unter den letzten breiten Ästen ließ er zu kurzer Rast sich
20 nieder und sendete den Blick über eine weite Wiese hin, den
Bergen zu, aus denen schon mit strengem Umriß ein starrer
Gipfel als letztes hohes Ziel sich aufrichtete. Kaum aber
hatte der Jüngling sich wieder erhoben, als sich zum zweitenmal die unbegreifliche Stimme vernehmen ließ, rings um

Title: dreifach - *three-fold*
1 der Duft - *fragrance*
3 der Puls - *pulse-beat*
3 in gleicher Welle - *on the same wave-length*
4 unbedroht - *unthreatened*
4 sein Weg trug ihn - *his path led him*
5 mit einem Male = plötzlich
6 rings um - *all around*
6 unbegreiflich - *incomprehensibly*
7 klingen [3a] - *sound*
8 es sei denn - *unless*
8 begehen [§6.2.2] - *commit*
9 betroffen - *perplexed*
10 ein lebendiges Wesen - *a living creature*
11 erkennen [§6.1.2] - *realize*
12 die Kühnheit - *boldness*
12 sich auf•lehnen - *rebel*
12 der Zuruf - *call*
12 gehorsam sein (+ *dat.*) - *be obedient (to)*
13 der Gang - *pace*
13 mäßigen - *moderate*
14 unbeirrt - *undaunted*

14 mit angespannten Sinnen - *with more sensitive perceptions than usual*
15 erspähen - *catch sight of*
15 den: Antecedent?
16 verkündigen - *make known*
16 verdächtig - *suspicious*
17 ward († *archaic*) = wurde
17 vernehmbar = hörbar
17 unangefochten - *unassailed*
18 der Schatten - *shadow*
18 das Freie - *open country*
19 der Ast - *branch*
19 sich nieder•lassen = sich setzen
20 einen Blick über ... hin•senden - *look out over, survey*
20 die Wiese - *meadow*
21 streng - *stern, harsh*
21 der Umriß - *outline*
21 starr - *rigid*
22 der Gipfel - *mountain top*
22 das Ziel - *goal*
22 sich auf•richten - *rise up*
22 kaum - *scarcely*
23 sich erheben [2d] = auf•stehen

25 ihn, zugleich nah und fern, doch beschwörender als das
erstemal: „Geh nicht über diese Wiese, Jüngling, es sei
denn, du wolltest Verderben bringen über dein Vaterland."
Auch dieser neuen Warnung zu achten, verbot dem Jüngling
sein Stolz, ja, er lächelte des leeren Wortschwalls, der
30 geheimnisvollen Sinnes sich brüsten wollte, und eilte vorwärts, im Innern ungewiß, ob Ungeduld oder Unruhe ihm den
Schritt beflügelte. Feuchte Abendnebel dunsteten in der
Ebene, als er endlich der Felswand gegenüberstand, die zu
bezwingen er sich vorgenommen. Doch kaum hatte er den Fuß
35 auf das kahle Gestein gesetzt, so tönte es, unbegreiflich,
nah und fern zugleich, drohender als zuvor um ihn: „Nicht
weiter, Jüngling, es sei denn, du wolltest den Tod erleiden." Nun sandte der Jüngling ein überlautes Lachen in
die Lüfte und setzte ohne Zögern und ohne Hast seine Wan-
40 derung fort. Je schwindelnder ihn der Pfad emportrug, um
so freier fühlte er seine Brust sich weiten, und auf der
kühn erklommenen Spitze umglühte der letzte Glanz des Tages
sein Haupt. „Hier bin ich!" rief er mit erlöster Stimme.
„War dies eine Prüfung, guter oder böser Geist, so hab' ich
45 sie bestanden. Kein Mord belastet meine Seele, ungekränkt
in der Tiefe schlummert mir die geliebte Heimat, und ich
lebe. Und wer du auch sein magst, ich bin stärker als du,
denn ich habe dir nicht geglaubt und tat recht daran."

25 beschwörend - *admonishing*
26 es sei denn (8)
27 das Verderben [§2.5] - *disaster*
28 achten († *archaic: + gen.; modern:*
auf + acc.) - *take heed of*
28 verbot: *Infinitive?*
29 der Stolz - *pride*
29 lächeln († *+ gen.; mod. über +*
acc.)
29 der Wortschwall - *flood of words*
29 der: *relative pronoun, referring*
to Wortschwall
30 geheimnisvollen Sinnes [§1.4.2] -
with a mysterious meaning
30 sich brüsten - *vaunt oneself*
31 im Innern - *inwardly*
31 die Ungeduld - *impatience*
32 beflügeln - *give wings to*
32 feucht - *damp*
32 der Nebel - *fog, mist*
32 dunsten - *spread (used only with*
fog)
33 die Ebene - *plain*
34 bezwingen [3a] - *conquer*
34 vorgenommen (hatte)
34 sich vor·nehmen [5c] - *intend*
35 kahl - *bare*
35 tönen = klingen (7)
36 drohen - *threaten*
36 zuvor = vorher

37 erleiden [1b] - *suffer*
39 die Luft/Lüfte (*plural poetic*) -
breezes
39 fort·setzen - *continue*
39 die Hast - *haste*
40 je (*+ comparative*) ... um so (*+*
comparative) - *the ... the*
40 schwindelnd - *dizzy (The poet is*
describing the high path, but the
dizziness is in the mind of the
climber.)
40 empor·tragen [6a] - *carry up, lead*
up
41 sich weiten - *expand*
41 und...: *What is the subject, what*
the direct object of this clause?
42 erklimmen, erklomm, erklommen -
climb (modern: besteigen)
42 der Glanz - *radiance*
43 das Haupt (*poetic*) = der Kopf
43 erlöst - *relieved*
44 War ... [§8.2.3]
44 dies (*neuter pronoun*) - *this*
45 bestehen [§6.2.2] - *pass (a test)*
45 belasten - *burden*
45 ungekränkt - *unharmed*
46 schlummern - *slumber*
47 wer...auch - *whoever*
47 sein [§6.2.2] - *be*
47 mögen [§6.1.3] - *may*
48 tat recht daran = hatte recht

     Da rollte es wie Ungewitter von den fernsten Wänden und
50 immer näher heran: „Jüngling, du irrst!" und die Donner-
gewalt der Worte warf den Wanderer nieder.

     Der aber streckte sich auf den schmalen Grat der Länge
nach hin, als wäre es eben seine Absicht gewesen, hier aus-
zuruhen, und mit spöttischem Zucken der Mundwinkel sprach
55 er wie vor sich hin: „So hätt' ich wirklich einen Mord begangen und hab' es gar nicht gemerkt?"

     Und es brauste um ihn: „Dein achtloser Schritt hat einen
Wurm zertreten."

     Gleichgültig erwiderte der Jüngling: „Also weder ein
60 guter noch ein böser Geist sprach zu mir, sondern ein witzi-
ger Geist. Ich habe nicht gewußt, daß auch derlei um uns
Sterbliche in den Lüften schwebt."

     Da grollte es rings im fahlen Dämmerschein der Höhe: „So
bist du derselbe nicht mehr, der heut' morgens sein Herz
65 mit allen Pulsen der Welt in gleicher Welle schlagen fühlte, daß dir ein Leben gering erscheint, von dessen Lust und
Grauen kein Wissen in deine taube Seele dringt?"

     „Ist es so gemeint?" entgegnete der Jüngling stirnrun-
zelnd, „so bin ich hundert- und tausendfach schuldig, wie
70 andere Sterbliche auch, deren achtloser Schritt unzähliges
kleines Getier immer und immer wieder ohne böse Absicht
vernichtet."

     „Um des einen willen aber warst du gewarnt. Weißt du,
wozu gerade dieser Wurm bestimmt **war** im unendlichen Lauf
75 des Werdens und Geschehens?"

49 das Ungewitter - *thunder storm*
49 die Wand = die Felswand
50 irren - *be mistaken*
52 Der [§13.1.1, 2, *or* 3?]
52 sich hin·strecken - *lie down, stretch out*
52 schmal - *narrow*
52 der Grat - *ridge*
52 der Länge nach [§18.6.2] - *full-length*
53 eben - *just*
53 die Absicht - *intention*
53 aus·ruhen - *take a rest*
54 spöttisch - *mocking*
54 zucken [§2.5] - *twitch*
54 der Winkel - *corner*
55 wie vor sich hin - *as though to himself*
55 So hätt' ich - *So, I'm supposed to have*
57 brausen - *roar*
57 achtlos - *heedless*
59 gleichgültig - *indifferent(ly)*
59 erwidern = antworten
59 weder...noch - *neither...nor*
60 witzig - *witty, funny, clever*
61 derlei - *that kind of thing*

62 der/die Sterbliche [§2.6.1] - *mortal: Is this noun singular or plural?*
63 grollen = donnern
63 fahl - *pale*
63 der Dämmerschein - *twilight*
64 morgens = morgen
66 gering - *slight*
66 dessen: *Antecedent?*
66 die Lust - *pleasure*
67 das Grauen - *dread*
67 taub - *deaf*
67 dringen [3a] (in + *acc.*) - *penetrate*
68 entgegnen = erwidern (59)
68 stirnrunzelnd - *frowning*
69 schuldig - *guilty*
70 unzählig - *countless*
71 das Getier - *animals (as a collection)*
71 immer wieder [§4.8.2] - *again and again*
72 vernichten - *destroy, annihilate*
73 um des einen willen - *for the sake of this one*
74 wozu - *for what*
74 gerade dieser - *precisely this*
74 bestimmt - *destined*

Gesenkten Hauptes erwiderte der Jüngling: „Da ich das
weder weiß noch wissen kann, so sei dir denn in Demut zu-
gestanden, daß ich auf meiner Waldeswanderung unter vielen
anderen auch gerade den Mord begangen habe, den zu verhü-
80   ten dein Wille war. Aber wie ich es angestellt habe, auf
meinem Wiesenweg Unheil über mein Vaterland zu bringen, das
zu hören, bin ich wirklich begierig."
„Sahst du den bunten Schmetterling," raunte es um ihn,
„Jüngling, der eine Weile zu deiner Rechten flatterte?"
85   „Viele sah ich wohl, auch den, den du meinen magst."
„Viele sahst du! Manche trieb deiner Lippen Hauch ab
von ihrer Bahn; den aber, den ich meine, jagte dein wilder
Atem ostwärts, und so flatterte er meilenweit immer weiter,
bis über die goldenen Gitterstäbe, die den königlichen
90   Park umschließen. Von diesem Schmetterling aber wird die
Raupe stammen, die übers Jahr an heißem Sommernachmittag
über der jungen Königin weißen Nacken kriechen und sie so
jäh aus ihrem Schlummer wecken wird, daß ihr das Herz im
Leib erstarren und die Frucht ihres Schoßes hinsiechen muß.
95   Und statt des rechtmäßigen, um sein Dasein betrogenen
Sprossen erbt des Königs Bruder das Reich; tückisch, lasterhaft und grausam, wie er geschaffen, stürzt er das Volk in
Verzweiflung, Empörung und endlich, zu eigener Rettung, in
Kriegswirrnis, deiner geliebten Heimat zum unermeßlichen
100   Verderben. An all dem trägt kein anderer Schuld als du,
Jüngling, dessen wilder Hauch den bunten Schmetterling auf
jener Wiese ostwärts über goldene Gitterstäbe in den Park
des Königs trieb."

76 gesenkten Hauptes [§1.4.2] - *with bowed head*
77 die Demut - *humility*
77 zu•gestehen [§6.2.2] - *admit*
79 verhüten - *prevent*
80 an•stellen - *accomplish*
81 das Unheil = das Unglück
82 begierig - *desirous, curious*
83 bunt - *varicolored*
83 der Schmetterling - *butterfly*
83 raunen = sehr leise sprechen
84 der: *Antecedent?*
84 flattern - *flutter*
85 meinen - *mean*
86 manche - *some (of them)*
86 ab•treiben [1a] - *drive off*
86 deiner Lippen Hauch (†) = der Hauch deiner Lippen
86 der Hauch (*poetic*) - *breath*
87 die Bahn - *course*
87 jagen - *chase*
88 der Atem (*everyday speech*) = der Hauch
88 meilenweit - *for miles*
89 die Gitterstäbe (*pl.*) - *fence*
90 umschließen [2a] - *surround*
91 die Raupe - *caterpillar*
91 stammen (von) - *stem (from)*

92 der Nacken - *back of the neck*
92 kriechen [2a] - *crawl*
93 jäh - *abrupt(ly)*
94 der Leib = der Körper
94 erstarren - *be paralyzed*
94 die Frucht ihres Schoßes = das ungeborene Kind
94 hin•siechen = sterben
95 statt [§1.4.3] - *instead of*
95 rechtmäßig - *rightful*
95 das Dasein - *existence*
95 betrügen [2b] (um) - *cheat (of)*
96 der Sproß - *descendent*
96 tückisch - *treacherous*
96 lasterhaft - *vicious*
97 grausam - *cruel*
97 geschaffen = geschaffen worden ist - *was created*
97 stürzen - *plunge*
98 die Verzweiflung - *despair*
98 die Empörung - *uprising*
98 die Rettung - *salvation*
99 die Wirrnis - *chaos*
99 unermeßlich - *immeasurable*
100 kein anderer = keine andere Person
100 Schuld tragen [6a] (an + *acc.*) - *be guilty (of)*

Der Jüngling zuckte die Achseln: „Daß all dies eintref-
105 fen kann, so wie du voraussagst, unsichtbarer Geist, wie
vermöcht' ich es zu leugnen, da ja auf Erden immer eins
aus dem anderen folgt, gar oft Ungeheueres aus Kleinem und
Kleines wieder aus Ungeheurem? Aber was soll mich veranlassen, gerade dieser Prophezeiung zu trauen, da jene
110 andere sich nicht erfüllte, die mir für meinen Felsenauf-
stieg den Tod angedroht hat?"

„Wer hier emporstieg," so klang es furchtbar um ihn,
„der muß auch wieder hinab, wenn es ihn gelüstet, weiter
unter den Lebendigen zu wandeln. Hast du das bedacht?"

115 Da erhob sich der Jüngling jäh, als wär' er gewillt,
augenblicks den rettenden Rückweg anzutreten. Doch als er
mit plötzlichem Grauen der undurchdringlichen Nacht inne
ward, die ihn umgab, begriff er, daß er zu so verwegenem
Beginnen des Lichts bedurfte; und um seiner klaren Sinne
120 für den Morgen gewiß zu sein, streckte er sich wieder hin
auf den schmalen Grat und sehnte mit Inbrunst den stärken-
den Schlaf herbei. Doch so regungslos er dalag, Gedanken
und Sinne blieben ihm wach, schmerzlich geöffnet die müden
Lider, und ahnungsvolle Schauer rannen ihm durch Herz und
125 Adern. Der schwindelnde Abgrund stand ihm immer und immer
vor Augen, der ihm den einzigen Weg ins Leben zurück bedeutete; er, der sonst seines Schrittes sich überall sicher
gedünkt hatte, fühlte in seiner Seele nie gekannte Zweifel
aufbeben und immer peinvoller wühlen, bis er sie nicht
130 länger ertragen konnte und beschloß, lieber gleich das Unvermeidliche zu wagen, als in Qual der Ungewißheit den Tag

104 die Achseln zucken - *shrug one's shoulders*

104 ein·treffen [5a] = geschehen

105 voraus·sagen - *predict*

106 leugnen - *deny*

107 ungeheuer - *monstrous*

107 Ungeheueres...Kleines... [§2.6.1]

108 veranlassen - *cause*

109 trauen (+ *dat.*) - *believe*

110 sich erfüllen [§7.5.5] - *be ful- filled*

112 wer...der - *whoever*

113 es gelüstet ihn - *he desires*

114 wandeln - *walk*

114 bedacht: *Infinitive?*

115 gewillt sein - *intend*

116 augenblicks (†) = augenblicklich - *at that very moment*

117 undurchdringlich - *impenetrable*

117 inne werden [§6.2.2] (+ *gen.*) - *become aware (of)*

118 umgeben [4a] - *surround*

118 begreifen [1b] = verstehen

118 verwegen - *daring*

119 bedürfen [§6.1.3] (+ *gen.*) - *need*

119 um...zu [§18.7.5]

119 seiner klaren Sinne (*gen.*) gewiß - *sure of his alert senses*

121 herbei·sehnen - *long for*

121 die Inbrunst - *passion*

122 so... - *no matter how...*

122 regungslos = bewegungslos

122 dalag: *Infinitive?*

124 Lider = Augenlider - *eyelids*

124 ahnungsvoll - *ominous*

124 der Schauer - *shiver (Singular or plural?)*

125 die Ader - *vein*

125 schwindelnd (40)

125 der Abgrund - *abyss*

127 sicher (+ *gen.*) = gewiß (119)

128 sich dünken = glauben

129 auf·beben - *rise in tremors*

129 peinvoll - *full of agony*

129 wühlen - *agitate*

130 beschließen [2a] = sich entschei- den

130 lieber [§4.8.1.3] - *rather*

130 gleich = sofort

130 das Unvermeidliche [§2.6.1] - *the inevitable*

131 wagen - *dare*

131 die Qual - *torment, torture*

zu erwarten. Und wieder erhob er sich zu dem vermessenen
Versuch, ohne den Segen der Helle, nur mit seinem tastenden
Tritt des gefährlichen Weges Meister zu werden. Kaum aber
135 hatte er den Fuß in die Finsternis gesetzt, so war ihm wie
ein unwiderrufliches Urteil bewußt, daß sich nun in kürze-
ster Frist sein geweissagtes Schicksal erfüllen mußte.
Und in düsterem Zorn rief er in die Lüfte: „Unsichtbarer
Geist, der mich dreimal gewarnt, dem ich dreimal nicht ge-
140 glaubt habe und dem ich nun doch als dem Stärkeren mich
beuge——ehe du mich vernichtest, gib dich mir zu erkennen."
     Und es klang durch die Nacht, umklammernd nah und uner-
gründlich fern zugleich: „Erkannt hat mich kein Sterblicher
noch, der Namen hab' ich viele. Bestimmung nennen mich die
145 Abergläubischen, die Toren Zufall und die Frommen Gott.
Denen aber, die sich die Weisen dünken, bin ich die Kraft,
die am Anfang aller Tage war und weiter wirkt unaufhaltsam
in die Ewigkeit durch alles Geschehen."
     „So fluch' ich dir in meinem letzten Augenblick", rief
150 der Jüngling, mit der Bitternis des Todes im Herzen. „Denn
bist du die Kraft, die am Anfang aller Tage war und weiter
wirkt in die Ewigkeit durch alles Geschehen, dann mußte ja
all dies kommen, wie es kam, dann mußt' ich den Wald durch-
schreiten, um einen Mord zu begehen, mußte über diese Wiese
155 wandern, um mein Vaterland zu verderben, mußte den Felsen
erklimmen, um meinen Untergang zu finden——deiner Warnung
zum Trotz. Warum also war ich verurteilt, sie zu hören,
dreimal, die mir doch nichts nützen durfte? Mußte auch
dies sein? Und warum, o Hohn über allem Hohn, muß ich noch
160 im letzten Augenblick mein ohnmächtiges Warum dir entgegen-
wimmern?"
     Da war dem Jüngling, als fliehe an den Rändern des un-
sichtbaren Himmels, von ungeheurer Antwort schwer und ernst,
ein unbegreifliches Lachen hin. Doch wie er versuchte, ins

132 vermessen = verwegen (118)
133 der Segen - *blessing*
133 die Helle = das Licht
133 tasten - *grope*
134 der Tritt - *step*
134 Meister werden (+ *gen.*) = Herr
     werden - *master, conquer*
136 unwiderruflich - *irrevocable*
136 das Urteil - *sentence*
137 die Frist - *period of time*
137 weis·sagen - *prophesy*
138 düster - *gloomy*
141 sich beugen - *submit (to)*
142 umklammernd - *clinging(ly)*
142 unergründlich - *unfathomably*
144 der Namen hab' ich viele = ich
     habe viele Namen
144 die Bestimmung - *destiny*

145 der Abergläubische [§2.6.1] -
     superstitious person
145 der Tor - *foolish person*
145 der Zufall - *chance*
145 der Fromme [§2.6.1] - *pious person*
146 der Weise - *wise person*
147 wirken - *have an influence*
147 unaufhaltsam - *uninterrupted(ly)*
148 die Ewigkeit - *eternity*
149 fluchen (+ *dat.*) - *curse*
151 bist du... [§8.2.3]
156 der Untergang = das Verderben
156 deiner Warnung zum Trotz = trotz
     deiner Warnung [§1.4.3]
158 nützen - *benefit*
159 der Hohn - *scorn*
160 ohnmächtig - *powerless*
161 wimmern - *whine, whimper*
162 hin·fliehen [2a] - *fade away*

165 Weite zu horchen, wankte und glitt der Boden unter seinem
    Fuß; und schon stürzte er hinab, tiefer als Millionen Ab-
    gründe tief — in ein Dunkel, darin alle Nächte lauerten,
    die gekommen sind und kommen werden vom Anbeginn bis zum
    Ende der Welten.

                              — Arthur Schnitzler (1862-1931)

165 horchen - *listen*   167 lauern - *lurk, lie in wait*
165 wanken - *sway*   168 die: *Antecedent?*
165 gleiten [1b] - *slide*

8b   *Der verlorene Sohn*

        11. Ein Mensch hatte zween Söhne.
        12. Und der jüngste unter ihnen sprach zum Vater:
    Gib mir, Vater, das Teil der Güter, das mir gehört!
    Und er teilte ihnen das Gut.
        13. Und nicht lange danach sammelte der jüngste
    Sohn alles zusammen und zog ferne über Land; und
    daselbst brachte er sein Gut um mit Prassen.
        14. Da er nun alle das Seine verzehret hatte,
    ward eine große Teurung durch dasselbige ganze Land,
    und er fing an zu darben.
        15. Und ging hin und hängete sich an einen Bür-
    ger desselbigen Landes, der schickte ihn auf seinen
    Acker, die Säue zu hüten.
        16. Und er begehrte seinen Bauch zu füllen mit
    Trebern, die die Säue aßen; und niemand gab sie ihm.
        17. Da schlug er in sich und sprach: Wieviel
    Tagelöhner hat mein Vater, die Brot die Fülle haben,
    und ich verderbe im Hunger!

11 zween (†) = zwei *(used with mascu-*   14 darben - *suffer want, be in need*
    line nouns)   15 sich hängen (an + *acc.*) - *attach*
12 das Gut - *possession*   *oneself (to)*
12 er: *Antecedent?*   15 der Acker - *field*
12 ihnen: *Antecedent?*   15 die Sau/Säue - *swine*
13 zusammen•sammeln - *gather together*   15 hüten - *tend*
13 zog: *Infinitive?*   16 begehren = wünschen
13 daselbst = dort   16 der Bauch - *belly*
13 um•bringen [§6.1.2] - *waste, use*   16 der Treber - *grape husk*
    up   17 in sich schlagen [6a] - *ponder*
13 das Prassen [§2.5] - *carousing,*   *one's condition*
    riotous living   17 der Tagelöhner - *day laborer*
14 Da]§18.2.1:*Note*]   17 die: *Antecedent?*
14 verzehren - *consume*   17 Brot die Fülle - *abundance of bread*
14 dasselbige = dasselbe   17 verderben [5a] - *waste away*
14 die Teurung - *inflation, famine*

18. Ich will mich aufmachen und zu meinem Vater gehen und zu ihm sagen: Vater, ich habe gesündiget in den Himmel und vor dir

19. und bin fort nicht mehr wert, daß ich dein Sohn heiße; mache mich als einen deiner Tagelöhner.

20. Und er machte sich auf und kam zu seinem Vater. Da er aber noch ferne von dannen war, sah ihn sein Vater, und jammerte ihn, lief und fiel ihm um seinen Hals und küssete ihn.

21. Der Sohn aber sprach zu ihm: Vater, ich habe gesündiget in den Himmel und vor dir; ich bin fort nicht mehr wert, daß ich dein Sohn heiße.

22. Aber der Vater sprach zu seinen Knechten: Bringet das beste Kleid hervor und tut ihn an; und gebet ihm einen Fingerreif an seine Hand und Schuhe an seine Füße;

23. und bringet ein gemästet Kalb her und schlachtet es: lasset uns essen und fröhlich sein!

24. Denn dieser mein Sohn war tot und ist wieder lebendig worden; er war verloren und ist funden worden.

Evangelium Lucä 15, 11-24

18 sündigen - *sin*
18 in (+ *acc.*) = gegen
19 fort = fortan - *henceforth*
19 mache: *Imperative familiar singular*
20 Da [§18.2.1:*Note*]
20 jammern - *feel pity for*
22 der Knecht - *farm laborer*
22 Bringet: *Imperative fam. pl.*

22 das Kleid - *clothing*
22 an·tun [§6.2.2] - *clothe*
22 der Fingerreif - *ring*
23 gemästet = gemästetes - *fattened*
23 das Kalb - *calf*
23 schlachten - *slaughter, butcher*
24 worden = geworden
24 funden = gefunden

1. Ein Psalm Davids.
Der HERR ist mein Hirte; mir wird nichts mangeln.
2. Er weidet mich auf einer grünen Aue und
führet mich zum frischen Wasser.
3. Er erquicket meine Seele; er führet mich auf
rechter Straße um seines Namens willen.
4. Und ob ich schon wanderte im finstern Tal,
fürchte ich kein Unglück; denn Du bist bei mir,
dein Stecken und Stab trösten mich.
5. Du bereitest vor mir einen Tisch gegen meine
Feinde. Du salbest mein Haupt mit Öl und schenkest
mir voll ein.
6. Gutes und Barmherzigkeit werden mir folgen
mein Lebenlang, und ich werde bleiben im Hause des
HERRn immerdar.

1 HERR: *The spelling convention of capital letters distinguishes der* HERR = Gott *from Herr - Mr., Sir, etc.*

1 der Hirte (†) = der Hirt - *shepherd*

1 mangeln (+ *dat.*) - *be lacking to*

2 weiden - *turn out to grass, feed*

2 die Aue - *meadow by a stream*

3 erquicken - *revive*

3 recht - *righteous*

4 ob - *though*

4 das Tal - *valley*

4 der Stecken - *rod, shepherd's crook*

4 der Stab - *staff, stick*

4 trösten - *comfort, reassure*

5 bereiten - *prepare*

5 gegen - *in the presence of*

5 salben - *anoint*

5 ein•schenken - *fill (a cup)*

6 die Barmherzigkeit - *mercy*

QUESTIONS ON THE TEXT

Die dreifache Warnung

How are the mountains personified?

What feelings did the young man have toward the world?

Where and when did he first hear the voice?

What did it say?

How did the young man react at first?

What made him realize it was a spirit?

Why did he refuse to obey the spirit's command?

What did he keep looking for?

Did he meet anyone?

Did he hear anything?

What was the scene before him when he stopped to rest?

What warning did the voice utter when he got up to go on?

What was the young man's reaction to this second warning?

What had been his goal?

When did he hear the third warning?

What was its threat?

How did the young man try to express his disdain?

What did he think he had achieved?

How can you tell he was really not as bold as he acted?

When did his confidence in himself return?

How was this dashed?

How did the young man try to disguise the fact that he had been thrown to earth?

What question did he ask himself — and the spirit?

What did the spirit accuse him of in connection with the first warning?

Was the young man convinced that he had been guilty of a real crime?

What feelings did the spirit recall, to convince the young man of his guilt?

How did the young man show that he understood the spirit?

What did he say in his own defense?

To what question is there no real answer?

What did the young man now admit?

How did he show that he hadn't understood the second warning?

What had his very breathing set in motion?

What would be the chain of events he had set in motion?

Which philosophy is evident in his answer: free will or determinism?

What further fact led to disbelief?

What fact did the spirit remind him of?

How did the young man reveal his uneasiness about the situation?

Why did he lie down again?

Why couldn't he rest?

Why couldn't he wait for the light of day before descending?

What feelings did he have as he started down the mountain?

What admission did he call out to the spirit?

What did he want to know before his final destruction?

What various names did the spirit have?

What did the young man now recognize?

Did he believe in determinism or in free will?

What did he consider the ultimate insult to his human condition?

What was the answer?

What caused his death?

Wie war das Wetter an diesem Morgen?

Wohin wanderte der junge Mann?

War er an diesem Morgen glücklich oder traurig?

Was hörte er plötzlich um sich?

Warum war es in diesem Wald gefährlich?

Woher wußte er, daß er einen Geist gehört hatte?

Warum achtete er nicht auf die Warnung?

Wem begegnete er auf dem Wege durch den Wald?

Was tat er, als er aus dem Wald heraustrat?

Was sah er vor sich?

Wann hörte er die Stimme zum zweiten Mal?

Warum sollte er nicht weiter gehen?

Mit welcher Absicht hatte er sich die Wanderung vorgenommen?

Wann hörte er die dritte Warnung?
Womit drohte die Stimme diesmal?
Was war die Antwort des jungen Mannes
    darauf?
Worüber freute er sich, als er auf
    der Spitze des Berges stand?
Was glaubte er von sich selbst?
Warum mußte er sich plötzlich hin-
    legen?
Was für einen Mord hatte er begangen?
Warum fühlte er sich nicht besonders
    schuldig?
Wie überzeugte ihn der Geist, daß er
    wirklich schuldig war?
Was gab er zu?
Was konnte er aber nicht verstehen?
Was hatte er mit dem bloßen Atem zum
    königlichen Park hingeschickt?
Woher stammte die Raupe?
Welches Unheil würde die Raupe über
    das Land bringen?

Wie drückte der junge Mann seine
    Gleichgültigkeit aus?
Welche Warnung hatte sich noch nicht
    erfüllt?
Warum konnte der junge Mann den Berg
    nicht heruntersteigen?
Warum konnte er aber auch nicht auf
    dem Berg bleiben und ruhig
    schlafen?
Welches Gefühl hatte er, als er trotz
    der Finsternis hinunterzugehen
    versuchte?
Was mußte er zugestehen?
Was wollte er wissen, bevor er starb?
Welche Namen gab sich der Geist?
Warum mußte das alles geschehen?
Was war seine letzte Frage?
Was hörte er als Antwort darauf?
Wie starb er?

WORDS AND WORD FAMILIES

der Abgrund/-gründe (125, 166)
die Absicht -en (53, 71)
achten († + *gen.*; auf + *acc.*) (28)
    achtlos (57, 70)
der Anfang/-fänge (147, 151)
bedürfen [§6.1.3] (+ *gen.*) (119)
begehen [§6.2.2] (8, 55, 79, 154)
begreifen [1b] (118)
    unbegreiflich (6, 24, 35)
böse (60, 71)
bunt (83, 101)
dringen [3a] (68)
    undurchdringlich (117)
drohen (36)
    an·drohen (111)
    unbedroht (4)
sich dünken (128, 146)
empor:
    empor·steigen [1a] (112)
    empor·tragen [6a] (40)
    die Empörung (98)
erfüllen (110, 137)
sich erheben [2d] (23, 115, 132)
erwidern (59, 76)
die Ewigkeit (148, 152)
-fach:
    dreifach (Title)
    hundert-, tausendfach (69)
der Felsen - (155)
    der Felsenaufstieg (110)
    die Felswand (33)
flattern (84, 88)
der Geist -er (11, 44, 60, 105, 139)
gerade (74, 79, 109)
gewiß (+ *gen.*) (120)
    die Ungewißheit (131)
der Gipfel - (22)
der Gitterstab/-stäbe (89, 102)
der Grat -e (52, 121)
das Grauen (67, 117)
der Hauch (86, 101)
das Haupt/Häupter (43, 76)
die Heimat (46, 99)
sich hin·strecken (59, 120)
immer [§4.8.2]
    immer wieder (71)
    immer weiter (88)
jäh (93, 115)
der Jüngling -e (2, 8, ...)

kaum (22, 34, 134)
klingen [3a] (7, 112, 142)
die Kraft/Kräfte (146, 151)
kühn (42)
    die Kühnheit (12)
die Lust/Lüste (66)
    gelüsten (113)
nah [§4.8.3.1] (6, 25, 36, 50)
der Puls -e (3, 65)
retten (116)
    die Rettung -en (98)
rings um (6, 24)
    rings (63)
der Schlummer (93)
    schlummern (46)
schmal (52, 121)
der Schmetterling -e (83, 101)
die Schuld (an + *dat.*) (100)
    schuldig (69)
schwindeln (40, 125)
sein: es sei denn (8, 26, 37)
der Sinn -e (14, 30, 119, 123)
starr (21)
    erstarren (94)
der/die Sterbliche (62, 70, 143)
stürzen (97)
    hinab·stürzen (166)
ungeheuer (163)
    Ungeheueres [§2.6.1] (107)
das Verderben (27, 100)
    verderben [5a] (155)
vernehmen [5c] (24)
    vernehmbar (17)
vernichten (72, 141)
-wärts:
    ostwärts (88, 102)
    vorwärts (14, 30)
weder...noch (59, 77)
weit:
    das Weite (165)
    sich weiten (41)
    weiter (37, 88, 147)
    meilenweit (88)
die Wiese -n (20, 26, 102, 154)
    der Wiesenweg (81)
die Welle -n (3, 65)
zucken (104)
    das Zucken [§2.5] (54)

Name _____ Datum _____

A All the underlined verbs in the following sentences are either
  prefixed (inseparable) or compound (separable) verbs. Give the
  infinitive of each one and check in the appropriate column whether it is prefixed or compound.

	Infinitive	Pref.	Comp.
1 Der Kohlenstoff <u>nimmt</u> unter den Ele- menten eine besondere Stellung <u>ein</u>. (P:1)	einnehmen	---	✓
2 Um einen Einblick in die chemische Natur dieser Stoffe zu <u>gewinnen</u>,... (P:8)	gewinnen	✓	---
3 Wir suchen aus dem Bau des Kohlenstoff- atoms seine Verbindungsmöglichkeiten <u>herzuleiten</u>. (P:13)	----------	---	---
4 Diese Orbitale <u>überlappen</u> sich mit den 1s- Orbitalen der Wasserstoffatome und <u>bilden</u> dabei stabile Bindungen <u>aus</u>. (P:74)	---------- ----------	--- ---	--- ---
5 Bei starker Vernichtung von Schädlingen und Nützlingen <u>nimmt</u> die Zahl der Schäd- linge viel rascher <u>zu</u> als die der Nütz- linge. (B:38)	----------	---	---
6 Die eingeführten Nützlinge <u>wirken</u> sich anfangs am stärksten <u>aus</u>. (B:71)	----------	---	---
7 Der Jüngling <u>ließ</u> sich zu kurzer Rast <u>nieder</u> (L:19)	----------	---	---
8 Ehe du mich <u>vernichtest</u>, gib dich mir zu erkennen. (L:141)	----------	---	---
9 Das Recht einer demokratischen Republik <u>geht</u> vom Volke <u>aus</u>. (M:2)	----------	---	---
10 Hausdurchsuchungen dürfen nur kraft eines richterlichen Befehles <u>vorgenommen</u> werden. (M:31)	----------	---	---

B Indicate the case and number of each of the underlined nouns in
  the following sentences. (NS = nominative singular; AP = accusative plural; DS = dative singular; GP = genitive plural, etc.)
  [§1, §3, §4]

　　　　　　　NS　　　　　　　　　　　　　　　　DP
  1 Ein <u>Jüngling</u> wanderte den winkenden <u>Bergen</u> zu. (L:1)

  2 Er fühlte sein <u>Herz</u> mit allen <u>Pulsen</u> der <u>Welt</u> in gleicher

    <u>Welle</u> schlagen. (L:2)

  3 Unbedroht und frei trug ihn sein <u>Weg</u> über das offene <u>Land</u>.
    (L:4)

  4 Es gibt eine <u>Fülle</u> von <u>Verbindungen</u>, die Kohlenstoff ent-
    halten. (P:7)

5 Der <u>Charakter</u> der chemischen <u>Verbindungen</u> kann aus dem <u>Bau</u> der <u>Atomhülle</u> ihrer <u>Elemente</u> erklärt werden. (P:11)

6 In einer ungestörten <u>Lebensgemeinschaft</u> ist durch das <u>Zusam-</u> <u>menspiel</u> aller an dem <u>Standort</u> wirkenden <u>Faktoren</u> ein Zustand erreicht, dem wir als biozönotisches <u>Gleichgewicht</u> bezeich- nen. (B:1)

7 Wenn es gestört wird, ändert sich das <u>Gefüge</u> der <u>Lebensge-</u> <u>meinschaft</u>. (B:4)

8 Der <u>Artikel</u> 2 der österreichischen <u>Verfassung</u> bestimmt: „<u>Österreich</u> ist ein <u>Bundesstaat</u>." (M:5)

9 In dem <u>Grundgesetz</u> über die <u>Rechte</u> der <u>Staatsbürger</u> wird der <u>Rechtssatz</u> aufgestellt: „Vor dem <u>Gesetze</u> sind alle <u>Staats-</u> <u>bürger</u> gleich." (M:15)

C Referring to the patterns in §4.1-6, fill in the adjective end- ings in the following sentences.

1 Die gesetzgebend_en_ Körperschaften sind der Nationalrat und der Bundesrat. (M:62)

2 Jedes im Nationalrat beschlossen____ Gesetz muß dem Bundesrat zur Genehmigung vorgelegt werden. (M:73)

3 Die vollziehend____ Gewalt üben der Präsident und die Bundes- regierung aus. (M:83)

4 Bei der chemisch____ Schädlingsbekämpfung kann ungewollt eine ungünstig____ Einwirkung auf die Lebensgemeinschaft erfolgen. (B:31)

5 Bei wiederholt____ Massenvermehrung der Schädlinge ist das erneut____ Eingreifen des Menschen notwendig. (B:85)

6 Eine ideal____ kovalent____ Bindung kommt nur dann zustande, wenn die Elektronegativitäten der sich verbindend____ Ele- mente verschieden sind. (P:40)

7 Zum zweitenmal ließ sich die unbreiflich____ Stimme vernehmen. (L:23)

8 Weißt du, wozu gerade dieser Wurm bestimmt war im unendlich____ Lauf des Werdens und Geschehens? (L:73)

Name _____ Datum _____

A Rewrite each of the following direct quotations as indirect discourse, using the subjunctive. [§12]

   1 Die unbegreifliche Stimme klang: „Geh nicht durch diesen Wald,
     Jüngling!"

     _Der_Geist_sagte,_daß_der_Jüngling_____

     _____

   2 Die Stimme erklärte: „Dein achtloser Schritt hat einen Wurm
     zertreten."

     _Der_Geist_erklärte_dem_Jüngling,_daß_____

     _____

   3 Der Jüngling entgegnete: „So bin ich hundert- und tausendfach
     schuldig."

     _____

     _____

   4 Der Geist fragte: „Sahst du den bunten Schmetterling?"

     _____

     _____

B Rewrite each of the following relative clauses as an independent
  sentence, using the antecedent of the relative pronoun in your
  new sentence. Begin your sentence with the subject.

   1 den ihm jene Warnung verkündigen mochte (15)

     _____

   2 den zu verhüten dein Wille war (79)

     _____

   3 der eine Weile zu deiner Rechten flatterte (84)

     _____

   4 die den königlichen Park umschließen (89)

     _____

   5 dem ich nun doch als dem Stärkeren mich beuge (140)

     _____

C Using grammatical structures and vocabulary from the following
  sentences — but in new combinations —, translate the English
  sentences into German.

  1 Ein Jüngling wanderte den winkenden Bergen zu. (1)
    Geh nicht durch diesen Wald, Jüngling! (7)
      A youth was hiking toward a forest.

    ----

  2 Ein starrer Gipfel richtete sich als letztes hohes Ziel auf.
    Er stand endlich der Felswand gegenüber. (33)   (21)
      He finally stood opposite the rigid mountain top.

    ----

  3 Er hatte sich vorgenommen, die Felswand zu bezwingen. (34)
      He had intended to conquer the mountain.

    ----

  4 Er hatte den Fuß auf das kahle Gestein gesetzt. (34)
    Unter den letzten breiten Ästen ließ er sich zu kurzer Rast
        nieder. (19)
      He had sat down for a short rest on the bare rock.

    ----

  5 ... als wär' es eben seine Absicht gewesen, ... (53)
    ... bis er die Zweifel nicht länger ertragen konnte, ... (129)
      a ... as if he could no longer bear the doubts ...

    ----

      b ... it had been his intention ...

D Answer the following questions from the footnotes.

  1 Line 62: Sterbliche: Singular or plural? _____

  2 Line 66: dessen: Antecedent? _____

  3 Line 122: dalag: Infinitive? _____

  4 Line 124: Schauer: Singular or plural? _____

  5 Line 168: die: Antecedent? _____

Reiten, reiten, reiten, durch den Tag, durch die Nacht, durch den Tag.

Reiten, reiten, reiten.

Und der Mut ist so müde geworden und die Sehnsucht so
5 groß. Es gibt keine Berge mehr, kaum einen Baum. Nichts wagt aufzustehen. Fremde Hütten hocken durstig an versumpften Brunnen. Nirgends ein Turm. Und immer das gleiche Bild. Man hat zwei Augen zuviel. Nur in der Nacht manchmal glaubt man den Weg zu kennen. Vielleicht kehren
10 wir nächtens immer wieder das Stück zurück, das wir in der fremden Sonne mühsam gewonnen haben? Es kann sein. Die Sonne ist schwer, wie bei uns tief im Sommer. Aber wir haben im Sommer Abschied genommen. Die Kleider der Frauen leuchteten lang aus dem Grün. Und nun reiten wir lang.
15 Es muß also Herbst sein. Wenigstens dort, wo traurige Frauen von uns wissen.

Der von Langenau rückt im Sattel und sagt: „Herr Marquis..."

Sein Nachbar, der kleine feine Franzose, hat erst drei
20 Tage lang gesprochen und gelacht. Jetzt weiß er nichts mehr. Er ist wie ein Kind, das schlafen möchte. Staub bleibt auf seinem feinen weißen Spitzenkragen liegen; er merkt es nicht. Er wird langsam welk in seinem samtenen Sattel.
25 Aber der von Langenau lächelt und sagt: „Ihr habt seltsame Augen, Herr Marquis. Gewiß seht Ihr Eurer Mutter ähnlich — "

Da blüht der Kleine noch einmal auf und stäubt seinen Kragen ab und ist wie neu.

Title: die Weise - *ballad, tale*
Title: der Cornet - *flag-bearer of a troop of cavalry*
1 reiten [1b] - *ride (horseback)*
4 der Mut - *courage (Here, as in numerous passages in this story, the choice of words depends as much on sound, rhyme, and rhythm as on literal meaning. Rilke is especially fond of alliteration:* Mut - müde.)
5 die Sehnsucht - *longing*
6 die Hütte - *hut*
6 hocken - *squat*
6 versumpfte Brunnen - *choked wells*
9 zurück·kehren - *travel back*
10 nächtens - *in the night*
11 mühsam - *wearisome, laborious*
12 bei uns = *in unserer Heimat*
12 tief im Sommer = *im Juli oder im August*

13 Abschied nehmen [5c] - *take leave (from home)*
14 leuchten - *shine*
15 dort = *in der Heimat*
17 Der von Langenau = *der Reiter aus dem Dorf Langenau (the hero of our story)*
17 rücken - *move*
19 fein - *slender, elegant*
19 erst - *only*
21 der Staub - *dust*
22 der Spitzenkragen - *lace collar*
23 welk werden - *droop*
24 samten - *velvety*
25 seltsam - *strange*
26 ähnlich (+ *dat.*) sehen [4b] - *look like*
26 Ihr/Euer: *Archaic polite form.*
28 der Kleine = *der Franzose*
28 auf·blühen - *perk up*

30   Jemand erzählt von seiner Mutter. Ein Deutscher offenbar. Laut und langsam setzt er seine Worte. Wie ein
Mädchen, das Blumen bindet, nachdenklich Blume um Blume
probt und noch nicht weiß, was aus dem Ganzen wird — :
so fügt er seine Worte. Zu Lust? Zu Leide? Alle lau-
35 schen. Sogar das Spucken hört auf. Denn es sind lauter
Herren, die wissen, was sich gehört. Und wer das Deutsche
nicht kann in dem Haufen, der versteht es auf einmal,
fühlt einzelne Worte: „Abends" ... „Klein war..."

     Da sind sie alle einander nah, diese Herren, die aus
40 Frankreich kommen und aus Burgund, aus den Niederlanden,
aus Kärntens Tälern, von den böhmischen Burgen und vom
Kaiser Leopold. Denn was der Eine erzählt, das haben auch
sie erfahren und gerade so. Als ob es nur e i n e Mutter
gäbe...

45   So reitet man in den Abend hinein, in irgend einen Abend.
Man schweigt wieder, aber man hat die lichten Worte mit.
Da hebt der Marquis den Helm ab. Seine dunklen Haare sind
weich und, wie er das Haupt senkt, dehnen sie sich frauen-
haft auf seinem Nacken. Jetzt erkennt auch der von Langen-
50 au: Fern tagt etwas in den Glanz hinein, etwas Schlankes,
Dunkles. Eine einsame Säule, halbverfallen. Und wie sie
lange vorüber sind, später, fällt ihm ein, daß das eine
Madonna war.

     Wachtfeuer. Man sitzt rundumher und wartet. Wartet,
55 daß einer singt. Aber man ist so müd. Das rote Licht ist
schwer. Es liegt auf den staubigen Schuhn. Es kriecht bis
an die Kniee, es schaut in die gefalteten Hände hinein. Es
hat keine Flügel. Die Gesichter sind dunkel. Dennoch
leuchten eine Weile die Augen des kleinen Franzosen mit

---

30 offenbar - *apparently*
32 Blumen binden - *arrange a bouquet of flowers*
32 nachdenklich - *pensively*
32 Blume um Blume - *flower after flower*
33 proben - *try*
34 fügen - *put together*
34 zu Lust - *for pleasure*
34 zu Leide - *for pain*
34 lauschen - *listen attentively*
35 sogar - *even*
35 spucken [§2.5] - *spit*
35 lauter - *only, nothing but*
36 der Herr - *gentleman*
36 was sich gehört - *what is proper*
36 das Deutsche = die deutsche Sprache
37 der Haufen - *unit (of an army)*
38 einzeln - *single, separate*
41 Kärnten: Bundesland in Österreich
41 böhmisch - *Bohemian*
41 die Burg - *fortress*

42 Kaiser Leopold: *Emperor of the Holy Roman Empire. Reigned 1658-1705.*
42 der Eine [§18.4.2]
43 eine [§19.4]
45 irgend ein - *any*
46 man hat die Worte mit - *the words linger in one's mind*
46 licht - *clear*
48 weich - *soft*
48 sich dehnen - *spread*
49 erkennen [§6.1.2] - *recognize*
50 tagen = erscheinen
50 schlank - *slender*
51 einsam - *lonely*
51 die Säule - *column*
51 halbverfallen - *half-decayed*
52 fällt: *Infinitive?*
54 das Wachtfeuer - *watch fire*
57 Es: *Antecedent?*
58 der Flügel - *wing: Singular or plural?*
58 dennoch - *however*

60 eigenem Licht. Er hat eine kleine Rose geküßt, und nun
    darf sie weiterwelken an seiner Brust. Der von Langenau
    hat es gesehen, weil er nicht schlafen kann. Er denkt:
    Ich habe keine Rose, keine.
        Dann singt er. Und das ist ein altes trauriges Lied, das
65 zu Hause die Mädchen auf den Feldern singen, im Herbst, wenn
    die Ernten zu Ende gehen.

        Sagt der kleine Marquis: „Ihr seid sehr jung, Herr?"
    Und der von Langenau, in Trauer halb und halb im Trotz:
    „Achtzehn." Dann schweigen sie.
70   Später fragt der Franzose: „Habt Ihr auch eine Braut
    daheim, Herr Junker?"
        „Ihr?" gibt der von Langenau zurück.
        „Sie ist blond wie Ihr."
    Und sie schweigen wieder, bis der Deutsche ruft: „Aber
75 zum Teufel, warum sitzt Ihr denn dann im Sattel und reitet
    durch dieses giftige Land den türkischen Hunden entgegen?"
        Der Marquis lächelt. „Um wiederzukehren."
        Und der von Langenau wird traurig. Er denkt an ein
    blondes Mädchen, mit dem er spielte. Wilde Spiele. Und er
80 möchte nach Hause, für einen Augenblick nur, nur für so
    lange, als es braucht, um die Worte zu sagen: „Magdalena,
    — daß ich immer so war, verzeih!" Wie — war? denkt
    der junge Herr. — Und sie sind weit.

        Einmal, am Morgen, ist ein Reiter da, und dann ein
85 zweiter, vier, zehn. Ganz in Eisen, groß. Dann tausend
    dahinter: das Heer.
        Man muß sich trennen.
        „Kehrt glücklich heim, Herr Marquis. — "
        „Die Maria schützt Euch, Herr Junker."
90   Und sie können nicht voneinander. Sie sind Freunde auf
    einmal, Brüder. Haben einander mehr zu vertrauen; denn sie
    wissen schon so viel Einer vom Andern. Sie zögern. Und
    ist Hast und Hufschlag um sie. Da streift der Marquis den
    großen rechten Handschuh ab. Er holt die kleine Rose hervor,
95 nimmt ihr ein Blatt. Als ob man eine Hostie bricht.
        „Das wird Euch beschirmen. Lebt wohl."
        Der von Langenau staunt. Lange schaut er dem Franzosen
    nach. Dann schiebt er das fremde Blatt unter den Waffen-
    rock. Und es treibt auf und ab auf den Wellen seines Her-

61 welken - *wither*	86 das Heer - *army*
66 die Ernte - *harvest*	87 Man muß sich trennen. - *They (the*
68 in Trauer halb - *half sadly*	*two halves of the army) have to*
68 halb im Trotz - *half defiantly*	*part.*
70 die Braut - *fiancée*	88 heim·kehren - *return home*
71 der Junker - *title of lower*	91 vertrauen - *confide*
landed nobility	93 der Hufschlag - *beat of hooves*
72 zurück·geben [4a] = antworten,	93 ab·streifen - *slip off*
entgegnen	95 nehmen [5c] - *take off*
76 giftig - *poisonous*	95 die Hostie - *consecrated wafer*
77 um...zu [§18.7.5]	96 beschirmen = schützen
81 als = wie	96 lebe wohl - *farewell*
82 verzeihen [1a] - *forgive*	97 staunen - *be surprised*
	98 der Waffenrock - *uniform jacket*

100 zens. Hornruf. Er reitet zum Heer, der Junker. Er
lächelt traurig: ihn schützt eine fremde Frau.

Ein Tag durch den Troß. Flüche, Farben, Lachen —:
davon blendet das Land. Kommen bunte Buben gelaufen.
Raufen und Rufen. Kommen Dirnen mit purpurnen Hüten im
105 flutenden Haar. Winken. Kommen Knechte, schwarzeisern wie
wandernde Nacht. Packen die Dirnen heiß, daß ihnen die
Kleider zerreißen. Drücken sie an den Trommelrand. Und von
der wilderen Gegenwehr hastiger Hände werden die Trommeln
wach, wie im Traum poltern sie, poltern—. Und abends
110 halten sie ihm Laternen her, seltsame: Wein, leuchtend in
eisernen Hauben. Wein? Oder Blut? — Wer kanns unterscheiden?

Endlich vor Spork. Neben seinem Schimmel ragt der Graf.
Sein langes Haar hat den Glanz des Eisens.
115 Der von Langenau hat nicht gefragt. Er erkennt den
General, schwingt sich vom Roß und verneigt sich in einer
Wolke Staub. Er bringt ein Schreiben mit, das ihn empfeh-
len soll beim Grafen. Der aber befiehlt: „Lies mir den
Wisch." Und seine Lippen haben sich nicht bewegt. Er
120 braucht sie nicht dazu; sind zum Fluchen gerade gut genug.
Was drüber hinaus ist, redet die Rechte. Punktum. Und
man sieht es ihr an. Der junge Herr ist längst zu Ende.
Er weiß nicht mehr, wo er steht. Der Spork ist vor Allem.
Sogar der Himmel ist fort. Da sagt Spork, der große Gene-
125 ral:

„Cornet."
Und das ist viel.

Die Kompagnie liegt jenseits der Raab. Der von Langenau
reitet hin, allein. Ebene. Abend. Der Beschlag vorn am
130 Sattel glänzt durch den Staub. Und dann steigt der Mond.
Er sieht es an seinen Händen.

100 der Hornruf - *trumpet call*
102 der Troß - *baggage train with camp followers*
103 davon blendet das Land - *the land is full of it*
103 kommen...gelaufen - *come running*
103 der Bube - *shield-bearer, squire*
104 raufen [§2.5] - *rough-house, wrestle*
104 die Dirne - *woman camp follower*
105 fluten - *flow*
105 der Knecht - *foot-soldier*
107 drücken (an + *acc.*) - *press (against)*
107 die Trommel - *drum*
108 die Gegenwehr - *defense*
109 poltern - *rumble*
111 die Haube - *helmet*
113 Endlich vor Spork = Endlich steht er vor Spork.
113 Spork: ein Graf, der General ist.
113 der Schimmel = weißes Pferd
113 ragen - *stand tall*

113 der Graf - *count*
116 sich schwingen [3a] = hinunter- springen
116 das Roß (*poetic*) = Kriegspferd
116 sich verneigen - *bow*
117 die Wolke - *cloud*
117 das Schreiben = der Brief
117 empfehlen [5b] - *recommend*
118 befehlen [5b] - *command, order*
119 der Wisch - *scribbling*
121 drüber hinaus = darüber hinaus - *beyond that, more than that*
121 die Rechte = die rechte Hand
121 Punktum - *That's it!*
122 Man sieht es ihr an. - *You can tell by looking at it.*
122 ihr: *Antecedent?*
123 vor Allem - *more important than anybody or anything else*
128 jenseits = auf der anderen Seite
128 die Raab: ein Nebenfluß der Donau in Ungarn
129 der Beschlag - *metal fitting*

Er träumt.
Aber da schreit es ihn an.
Schreit, schreit,
135 zerreißt ihm den Traum.
Das ist keine Eule. Barmherzigkeit:
der einzige Baum
schreit ihn an:
Mann!
140 Und er schaut: es bäumt sich. Es bäumt sich ein Leib
den Baum entlang, und ein junges Weib,
blutig und bloß,
fällt ihn an: Mach mich los!

Und er springt hinab in das schwarze Grün
145 und durchhaut die heißen Stricke;
und er sieht ihre Blicke glühn
und ihre Zähne beißen.

Lacht sie?

Ihn graust.
150 Und er sitzt schon zu Roß
und jagt in die Nacht. Blutige Schnüre fest in der Faust.

Der von Langenau schreibt einen Brief, ganz in Gedanken.
Langsam malt er mit großen, ernsten, aufrechten Lettern:

„Meine gute Mutter,
155 seid stolz: Ich trage die Fahne,
seid ohne Sorge: Ich trage die Fahne,
habt mich lieb: Ich trage die Fahne —"

Dann steckt er den Brief zu sich in den Waffenrock, an
die heimlichste Stelle, neben das Rosenblatt. Und denkt:
160 Er wird bald duften davon. Und denkt: Vielleicht findet
ihn einmal Einer... Und denkt: ...; denn der Feind ist nah.

Sie reiten über einen erschlagenen Bauer. Er hat die
Augen weit offen und etwas spiegelt sich drin; kein Himmel.
Später heulen Hunde. Es kommt also ein Dorf, endlich. Und
165 über den Hütten steigt steinern ein Schloß. Breit hält sich
ihnen die Brücke hin. Groß wird das Tor. Hoch willkommt
das Horn. Horch: Poltern, Klirren und Hundegebell! Wiehern
im Hof, Hufschlag und Ruf.

132 träumen - *dream*	153 malen - *draw*
133 an·schreien [1a] - *scream at*	155 seid: *Imperative of* sein
136 die Eule - *owl*	155 die Fahne - *banner*
136 die Barmherzigkeit - *pity*	156 die Sorge - *worry*
140 schauen = an·sehen	159 heimlich - *secret, hidden*
140 sich bäumen - *writhe*	160 Er: *Antecedent?*
141 das Weib = die Frau	162 erschlagen - *beaten to death*
142 bloß - *bare*	163 sich spiegeln - *be reflected*
143 los·machen - *untie*	164 heulen - *howl*
145 durchhauen [7h] - *hack through*	165 sich hin·halten [7a] - *be extended toward*
145 der Strick - *cord*	166 das Tor - *gate*
149 ihn graust - *he shivers with horror*	167 das Klirren - *clanking*
151 die Schnur - *rope, cord*	167 das Wiehern - *whinnying*
151 die Faust - *fist*	168 der Hof - *courtyard of the castle*

Rast! Gast sein einmal. Nicht immer selbst seine Wün-
170 sche bewirten mit kärglicher Kost. Nicht immer feindlich
nach allem fassen; einmal sich alles geschehen lassen und
wissen: Was geschieht, ist gut. Auch der Mut muß einmal
sich strecken und sich am Saume seidener Decken in sich
selber überschlagen. Nicht immer Soldat sein. Einmal die
175 Locken offen tragen und den weiten offenen Kragen und in
seidenen Sesseln sitzen und bis in die Fingerspitzen so:
nach dem Bad sein. Und wieder erst lernen, was Frauen
sind. Und wie die weißen tun und wie die blauen sind;
was für Hände sie haben, wie sie ihr Lachen singen, wenn
180 blonde Knaben die schönen Schalen bringen, von saftigen
Früchten schwer.

Als Mahl beganns. Und ist ein Fest geworden, kaum weiß
man wie. Die hohen Flammen flackten, die Stimmen schwirr-
ten, wirre Lieder klirrten aus Glas und Glanz, und endlich
185 aus den reifgewordnen Takten: entsprang der Tanz. Und alle
riß er hin. Das war ein Wellenschlagen in den Sälen, ein
Sich-Begegnen und ein Sich-Erwählen, ein Abschiednehmen und
ein Wiederfinden, ein Glanzgenießen und ein Lichterblinden
und ein Sich Wiegen in den Sommerwinden, die in den Klei-
190 dern warmer Frauen sind.
Aus dunklem Wein und tausend Rosen rinnt die Stunde
rauschend in den Traum der Nacht.
Und Einer steht und staunt in diese Pracht. Und er ist
so geartet, daß er wartet, ob er erwacht. Denn nur im
195 Schlafe schaut man solchen Staat und solche Feste solcher
Frauen: ihre kleinste Geste ist eine Falte, fallend in
Brokat. Sie bauen Stunden auf aus silbernen Gesprächen,
und manchmal heben sie die Hände so —, und du mußt meinen,
daß sie irgendwo, wo du nicht hinreichst, sanfte Rosen

170 bewirten - *take care of (like a host)*
170 kärgliche Kost - *slim, scanty fare*
171 fassen = greifen
171 sich alles geschehen lassen - *be passive*
173 der Saum - *border*
173 seiden - *silk*
173 die Decke - *coverlet*
173 sich...in sich selber überschlagen - *tumble around*
175 die Locke - *lock (of hair)*
176 der Sessel - *arm chair*
180 die Schale - *bowl, platter*
180 saftig - *juicy*
182 das Mahl = das Essen
182 beganns = begann es
183 flacken - *flare*
183 schwirren - *buzz*
184 wirre Lieder - *songs here and there*
184 klirren - *sound*

184 der Glanz - *radiance (a word probably chosen because of alliteration with* Glas *and rhyme with* Tanz.*)*
185 reifgeworden - *fully-developed*
185 der Takt - *rhythm*
185 alle: *Subject or object?*
186 er: *Antecedent?*
186 hin·reißen - *carry away*
186 der Saal/Säle - *hall*
187 sich [§5.4.2]
188 genießen [2a] - *enjoy*
189 sich wiegen - *cradle oneself*
191 rinnen [3b] - *flow*
192 rauschen - *rustle*
193 Einer = der von Langenau
193 die Pracht - *magnificence*
194 so geartet sein - *be one's nature*
195 der Staat = (hier) die Pracht
196 die Geste - *gesture*
197 der Brokat - *brocade*
198 meinen = glauben
199 hin·reichen - *reach*

200 brächen, die du nicht siehst. Und da träumst du: Ge-
schmückt sein mit ihnen und anders beglückt sein und dir
eine Krone verdienen für deine Stirne, die leer ist.

     Einer, der weiße Seide trägt, erkennt, daß er nicht
erwachen kann; denn er ist wach und verwirrt von Wirklich-
205 keit. So flieht er bange in den Traum und steht im Park,
einsam im schwarzen Park. Und das Fest ist fern. Und das
Licht lügt. Und die Nacht ist nahe um ihn und kühl. Und
er fragt eine Frau, die sich zu ihm neigt:
     „Bist Du die Nacht?"
210   Sie lächelt.
     Und da schämt er sich für sein weißes Kleid.
     Und möchte weit und allein und in Waffen sein.
     Ganz in Waffen.

     „Hast Du vergessen, daß Du mein Page bist für diesen Tag?
215 Verlässest Du mich? Wo gehst Du hin? Dein weißes Kleid
gibt mir Dein Recht — ."

— — — — — — — — — — — — — — — —

     „Sehnt es Dich nach Deinem rauhen Rock?"

— — — — — — — — — — — — — — — —

     „Frierst Du? — Hast Du Heimweh?"
     Die Gräfin lächelt.
220   Nein. Aber das ist nur, weil das Kindsein ihm von den
Schultern gefallen ist, dieses sanfte dunkle Kleid. Wer
hat es fortgenommen? „Du?" fragt er mit einer Stimme, die
er noch nicht gehört hat. „Du!"
     Und nun ist nichts an ihm. Und er ist nackt wie ein
225 Heiliger. Hell und schlank.

     Langsam lischt das Schloß aus. Alle sind schwer: müde
oder verliebt oder trunken. Nach so vielen leeren, langen
Feldnächten: Betten. Breite eichene Betten. Da betet
sichs anders als in der lumpigen Furche unterwegs, die,
230 wenn man einschlafen will, wie ein Grab wird.

200 brächen: *Infinitive?*
200 schmücken - *adorn*
201 ihnen: *Antecedent?*
202 die Krone - *crown, the highest*
honor
203 Einer (193)
203 die Seide - *silk*
204 verwirrt - *confused*
205 fliehen [2a] - *flee*
207 lügen [2b] - *tell a lie*
208 sich neigen (zu) - *lean down (to)*
211 sich schämen (für) - *be ashamed*
(of)
211 sein weißes Kleid: *White is the*
color of femininity.
216 Dein Recht: *your right (as the*
male, to be the aggressor)
217 es sehnt mich (nach) - *I am long-*
ing (for)

217 der rauhe Rock = der Waffenrock
218 frieren - *be cold*
218 Heimweh haben - *be homesick*
221 sanft - *soft*
222 fort•nehmen = weg•nehmen
224 nackt = bloß
225 der Heilige - *saint*
226 aus•löschen [2f] - *(lights) go*
out
227 verliebt - *in love*
228 eichen - *oak*
228 es betet sich anders - *prayers*
are different
229 lumpig - *mean*
229 die Furche - *trench*
229 unterwegs - *on the way*
230 das Grab - *grave*

„Herrgott, wie Du willst!"
Kürzer sind die Gebete im Bett.
Aber inniger.

Die Turmstube ist dunkel.
235 Aber sie leuchten sich ins Gesicht mit ihrem Lächeln.
Sie tasten vor sich her wie Blinde und finden den Andern
wie eine Tür. Fast wie Kinder, die sich vor der Nacht
ängstigen, drängen sie sich in einander ein. Und doch
fürchten sie sich nicht. Da ist nichts, was gegen sie
240 wäre: kein Gestern, kein Morgen; denn die Zeit ist einge-
stürzt. Und sie blühen aus ihren Trümmern.
Er fragt nicht: „Dein Gemahl?"
Sie fragt nicht: „Dein Namen?"
Sie haben sich ja gefunden, um einander ein neues Ge-
245 schlecht zu sein.
Sie werden sich hundert neue Namen geben und einander
alle wieder abnehmen, leise, wie man einen Ohrring abnimmt.

Im Vorsaal über einem Sessel hängt der Waffenrock, das
Bandelier und der Mantel von dem von Langenau. Seine Hand-
250 schuhe liegen auf dem Fußboden. Seine Fahne steht steil,
gelehnt an das Fensterkreuz. Sie ist schwarz und schlank.
Draußen jagt ein Sturm über den Himmel hin und macht Stücke
aus der Nacht, weiße und schwarze. Der Mondschein geht wie
ein langer Blitz vorbei, und die reglose Fahne hat unruhige
255 Schatten. Sie träumt.

War ein Fenster offen? Ist der Sturm im Haus? Wer
schlägt die Tären zu? Wer geht durch die Zimmer? — Laß.
Wer es auch sei. Ins Turmgemach findet er nicht. Wie
hinter hundert Türen ist dieser große Schlaf, den zwei
260 Menschen gemeinsam haben; so gemeinsam wie e i n e Mutter
oder e i n e n Tod.

Ist das der Morgen? Welche Sonne geht auf? Wie groß
ist die Sonne? Sind das Vögel? Ihre Stimmen sind überall.
Alles ist hell, aber es ist kein Tag.
265 Alles ist laut, aber es sind nicht Vogelstimmen.
Das sind die Balken, die leuchten. Das sind die Fenster,
die schrein. Und sie schrein, rot, in die Feinde hinein,
die draußen stehn im flackernden Land, schrein: Brand.

233 innig - *fervent*   250 steil - *straight*
234 die Turmstube - *tower room*   251 das Fensterkreuz - *window bar*
235 sich [§5.4.2]   257 Laß. - *Let it go.*
236 tasten - *grope around*   258 das Turmgemach = die Turmstube
240 ein stürzen - *collapse*   (234)
241 die Trümmer *(pl.)* - *ruins*   260 gemeinsam - *in common*
242 der Gemahl - *husband*   266 der Balken - *beam*
244 das Geschlecht - *race*   268 der Brand - *fire*
248 der Vorsaal - *entry-hall*
249 das Bandelier - *bandolier: a belt*
   worn over the shoulder and across
   the breast

        Und mit zerrissenem Schlaf im Gesicht drängen sich alle,
270 halb Eisen, halb nackt, von Zimmer zu Zimmer, von Trakt zu
     Trakt und suchen die Treppe.
        Une mit verschlagenem Atem stammeln Hörner im Hof:
     Sammeln, sammeln!
     Und bebende Trommeln.

275   Aber die Fahne ist nicht dabei.
     Rufe: Cornet!
     Rasende Pferde, Gebete, Geschrei,
     Flüche: Cornet!
     Eisen an Eisen, Befehl und Signal;
280 Stille: Cornet!
     Und noch ein Mal: Cornet!
     Und heraus mit der brausenden Reiterei.

     — — — — — — — — — — — —

        Aber die Fahne ist nicht dabei.

        Er läuft um die Wette mit brennenden Gängen, durch Türen,
285 die ihn glühend umdrängen, über Treppen, die ihn versengen,
     bricht er aus aus dem rasenden Bau. Auf seinen Armen trägt
     er die Fahne wie eine weiße, bewußtlose Frau. Und er findet
     ein Pferd, und es ist wie ein Schrei: über alles dahin und
     an allem vorbei, auch an den Seinen. Und da kommt auch die
290 Fahne wieder zu sich, und niemals war sie so königlich; und
     jetzt sehn sie sie alle, fern voran, und erkennen den hellen,
     helmlosen Mann und erkennen die Fahne...
        Aber da fängt sie zu scheinen an, wirft sich hinaus und
     wird groß und rot...

     — — — — — — — — — — — —

295   Da brennt ihre Fahne mitten im Feind, und sie jagen ihr
     nach.
        Der von Langenau ist tief im Feind, aber ganz allein.
        Der Schrecken hat um ihn einen runden Raum gemacht, und
     er hält, mitten drin, unter seiner langsam verlodernden
300 Fahne.
        Langsam, fast nachdenklich, schaut er um sich. Es ist
     viel Fremdes, Buntes vor ihm. Gärten— denkt er und
     lächelt. Aber da fühlt er, daß Augen ihn halten, und
     erkennt Männer und weiß, daß es die heidnischen Hunde

270 der Trakt - *wing (of a building)*   289 die Seinen - *his (comrades)*
272 verschlagen - *panting*   289 zu sich kommen - *regain con-*
272 stammeln - *stutter*   *sciousness*
274 beben - *quake*   290 niemals = nie
276 der Ruf - *call*   291 sie/sie alle: *Antecedents?*
277 rasen - *dash*   292 helmlos - *without a helmet*
277 das Gebet - *prayer*   293 sich hinaus•werfen [5a] - *start*
282 brausen - *roar*   *to wave*
284 um die Wette laufen [7g] - *race*   295 sie/ihr: *Antecedents?*
284 der Gang - *corridor*   299 verlodern - *burn out*
285 versengen - *singe*   304 heidnisch - *heathen*
287 bewußtlos - *unconscious*

305 sind —: und wirft sein Pferd mitten hinein.
    Aber, als es jetzt hinter ihm zusammenschlägt, sind es doch wieder Gärten, und die sechzehn runden Säbel, die auf ihn zuspringen, Strahl um Strahl, sind ein Fest.
    Eine lachende Wasserkunst.

310   Der Waffenrock ist im Schlosse verbrannt, der Brief und das Rosenblatt einer fremden Frau. —

    Im nächsten Frühjahr (es kam traurig und kalt) ritt ein Kurier des Freiherrn von Pirovano langsam in Langenau ein. Dort hat er eine alte Frau weinen sehen.

                    — Rainer Maria Rilke (1875-1926)

306 zusammen·schlagen [6a] – *crash together*
307 der Säbel – *sabre*
308 Strahl um Strahl – *jet upon jet (of water from a fountain)*

313 der Kurier – *courier*
313 der Freiherr – *baron*
313 der Freiherr von Pirovano: *Langenau's company commander*

Über allen Gipfeln
ist Ruh,
in allen Wipfeln
spürest du
kaum einen Hauch;
die Vögelein schweigen im Walde.
Warte nur! Balde
ruhest du auch.

　　　— Johann Wolfgang von Goethe
　　　　　(1749-1832)

3 der Wipfel = der Oberteil des
  Baumes, mit Zweigen und Blättern

QUESTIONS ON THE TEXT

Der Cornet

How is this landscape different from
   the landscape of home?
How long has the army been on the
   move?
How do the soldiers reveal their
   homesickness?
What different countries do they
   come from?
What feeling unites them?
What is the dark figure that Langenau recognizes fleetingly as they
   are rushing past?
What does Langenau see the Marquis
   do as they are sitting around
   the fire?
How does Langenau feel about his age?
Does the Marquis have a fiancée at
   home? Does Langenau?
Against whom is the army to fight?
What does the Marquis give Langenau
   when they have to part?
What does Langenau do with this?
What kinds of wild scenes take place
   among the common soldiers and
   camp followers?
What kind of letter has Langenau
   brought for Count Spork?
Who reads it?
How does the count command the army?
Is Langenau pleased with his new rank?
What adventure does Langenau have as
   he is riding alone to join his
   company?
Why is his mother to be proud of
   him?
Under what circumstances does he ex-
   pect his mother to get the
   letter?

What sounds announce that a village
   is nearby?
What sounds greet the company at the
   castle?
What habits of camp life can be left
   behind?
How does the meal develop into a
   party?
In what state of mind is young Langen-
   au?
What does he dream of?
Why does he flee to the park?
Who joins him there?
What role does his white clothing
   assign him?
To what is his childhood compared?
Why do the countess and Langenau
   have no fear of each other or
   the consequences?
What stands guard in the entry-hall?
What contrast exists between the
   tower room and the rest of the
   castle?
What emergency occurs during the
   night?
How is the company called together?
What is missing?
How does Langenau get to the court-
   yard?
What fatal mistake does he make in
   his eagerness?
When does the flag come to life?
What do Langenau's comrades try to
   do?
Does Langenau realize fully the
   situation he has got himself
   into?
What pictures are in his mind as his
   enemies close in upon him?

[A number preceded by the sign § refers to the Grammar Reference Notes. A number alone refers to a page in the Einführung.*]*

[Entries from the Words and Word Families in the Einführung *are indicated by page numbers in parentheses. Words from the Words and Word Families in* Literatur *are indicated by the unit number alone, those from the footnotes by the unit and line number. The letter "P" after the unit number denotes the poem in that unit.]*